新世纪高等学校韩国语专业本科生系列教材
总主编 金基石

韩国语版

중국 문화

中國文化简明教程

刘 静 编著

上海外语教育出版社
外教社 SHANGHAI FOREIGN LANGUAGE EDUCATION PRESS

图书在版编目（CIP）数据

中国文化简明教程：韩国语版 / 刘静编著. -- 上海：
上海外语教育出版社，2021 (2024重印)
ISBN 978-7-5446-6954-2

Ⅰ.①中… Ⅱ.①刘… Ⅲ.①朝鲜语－高等学校－教材
②中华文化 Ⅳ.①H55

中国版本图书馆CIP数据核字（2021）第187720号

出版发行：**上海外语教育出版社**
（上海外国语大学内）邮编：200083
电　　话：021-65425300（总机）
电子邮箱：bookinfo@sflep.com.cn
网　　址：http://www.sflep.com
责任编辑：张　丽

印　　刷：上海新华印刷有限公司
开　　本：635×965　1/16　印张 10.25　字数 165千字
版　　次：2021 年 12月第 1版　2024 年 6月第 2次印刷

书　　号：ISBN 978-7-5446-6954-2
定　　价：38.00 元
本版图书如有印装质量问题，可向本社调换
质量服务热线：4008-213-263

前言

　　进入21世纪，中国确立了文化强国战略，国家对传承发展中国优秀传统文化给予了前所未有的高度重视。我们希望青年学子不仅掌握扎实的外语基础，同时拥有文化自信和民族认同感，能够在将来担负起中国文化对外传播的重任。

　　然而，目前全国许多高校的韩国语教学大都还停留在只注重目的语文化输入的阶段，母语文化的输出尚未得到应有的重视。学生用韩国语表达中国文化的能力较低，这不仅造成了对外交流的障碍，也不利于中国文化的对外传播。

　　为改变这一状况，编者作为教学一线的韩国语教师，近年来不断尝试在精读课、泛读课等课程中融入中国文化。我们发现，学生对中国文化表现出极大的兴趣和积极的态度，这使我们备受鼓舞，但同时也意识到这种"课内兼容"的做法存在的一些问题，比如随意性较大，缺乏对中国文化这一整体概念的考虑，对于哪些中国文化需要融入以及如何融入等问题也缺乏深入的思考。

　　基于对这些教学实践的反思，我们编写了这本教材。其中，选取了中国文化中那些最具代表性、最具民族特色的内容，进行比较具体和深入的介绍。这些内容既包括对后世影响深远的儒、释、道思想，博大精深的语言文字，辉煌灿烂的古典文学，独具特色的中医，也包括建筑、绘画、书法、戏曲等艺术领域，扬名中外的世界文化遗产，以及饮食、服饰、民居、节庆风俗等中国人生活的方方面面。

本教材适合高校韩国语专业二年级以上的学生使用，也适合对中国文化感兴趣的韩国语学习者及留学生使用。本教材既适用于独立设置的中国文化课程，也可作为精读课、泛读课等其他专业课程的辅助教材。下面以独立设置的课程为例，对本教材的使用做一下简要说明。

本教材为18个教学周而设计。全书共9个单元，每单元供2个教学周使用。

每单元由四至五篇文章构成。每篇文章后，附有生词列表，帮助学生理解文章内容，也可让学生在阅读文章前，先熟悉生词列表，提高阅读效率。课后的练习题分成两部分：第一部分为"阅读理解"，问题均针对课文内容提出，重在考查学生对文章的内容是否理解，培养学生复述课文的能力；第二部分为"拓展练习"，旨在开拓视野，培养思辨能力和语言的实际运用能力。"拓展练习"建议组织学生进行分组讨论并发表，以培养自主学习能力和团队协作精神。

为优化教学体验，提升教学效果，本教材配有电子教案等教学辅助资源，帮助教师有效组织课堂教学。

本教材在编写过程中，得到了韩国忠北大学李相五教授、上海外国语大学金基石教授和韩国庆熙大学辛勤英老师的指导和帮助，在此表示衷心的感谢。本书由上海外国语大学教材出版项目资助（项目编号：2020JCCB014），特此说明。

中国文化博大精深，而编者水平有限，错误与不当之处在所难免，敬请读者和专家不吝指正。

编者

2021年8月

제 1 장　중국의 전통 사상

1. 공자와 유가 사상　　 /2

2. 노장 (老莊) 과 도가 사상　　 /7

3. 선종 (禪宗) 의 사상　　 /11

4. < 손자병법 > 에 담긴 철학과 지혜　　 /15

제 2 장　중국의 전통 예술

1. 고대 건축　　 /20

2. 중국화　　 /25

3. 서예　　 /29

4. 경극　　 /33

제 3 장　중국의 고대 문학

1. 당시 (唐詩)　　 /40

2. 송사 (宋詞)　　 /44

3. 원잡극 (元雜劇)　　 /47

4. 명청 (明淸) 소설　　 /50

제 4 장　중국의 언어와 문자

1. 중국어 · 보통화 · 방언　　 /56

2. 한자의 기원과 변천　　 /59

3. 한자의 조성 원리　　 /63

4. 한자의 해외 전파　　 /67

제 5 장　중국 사람의 생활 풍경

1. 음식 문화　　 /70

2. 차 문화　　 /73

3. 술 문화　　 /77

4. 전통 민가　　 /81

5. 전통 의복　　 /86

목
차

제 6 장 　중국의 전통 의례

1. 출생례 　　/90

2. 관례 　　/94

3. 혼례 　　/97

4. 상례 　　/101

제 7 장 　24절기와 전통 명절

1. 24절기 　　/106

2. 춘절 　　/110

3. 중추절 　　/113

4. 단오절 　　/117

제 8 장 　중국의 전통 의학

1. 중의학 　　/122

2. 발달된 예방의 의학 　　/125

3. 식이요법과 약선 　　/128

4. 침구와 추나요법 　　/131

제 9 장 　중국의 세계문화유산

1. 만리장성 　　/136

2. 진시황릉 병마용 　　/139

3. 둔황 막고굴 　　/142

4. 포탈라궁 　　/146

부록 1: 중국 역사 연대표 　　/149

부록 2: 단어 색인 　　/150

제 1 장
중국의 전통 사상

천인합일 (天人合一, 하늘과 사람은 합일체라는 뜻)이라 잘 알려진 중국 사상에서 알 수 있듯이 중국인들은 인간과 자연이 어떻게 조화를 이룰 것인가를 아주 중요하게 여겼다. 또한 이러한 중국 전통 사상에서는 개인의 수양을 함양시키는 것을 중요시했으며, 품성과 도덕을 연마하는 일에 많은 관심을 기울였다. 논리적인 추리적 사고에 별다른 주의를 기울이지 않았던 중국인들은 지혜에 대한 깨달음을 그 무엇보다 중요하게 여겼다.

중국에서는 공자와 맹자에 의해 시작된 유가 사상, 노자와 장자가 개창한 도가 사상, 그리고 불교 사상으로 구성된 사상 체계가 수천 년 동안 중국의 사상 체계를 지배해 왔다. 그중에서도 후세에 가장 큰 영향을 끼친 사상은 유가 사상이라 할 수 있다.

1. 공자와 유가 사상

춘추전국 시대는 중국의 역사에서 일대 변혁이 일어난 시기이다. 우선 정치적인 면에서 주나라 왕실의 권위가 약화되면서 패권을 잡으려는 제후국들의 경쟁이 치열해졌다. 또한 경제적으로도 철기 사용으로 농업 생산력이 확대되면서 수공업과 상업도 크게 성장했다. 사회적인 위계 체제와 신분 질서에도 큰 변화가 생겨 이러한 격변의 분위기가 당시의 사상과 철학에도 영향을 미쳤다.

이러한 배경 아래, 귀족의 독점 교육을 탈피한 일부 지식인들이 전통적인 윤리 관념과 가치 준칙에 대해 반성하고, 미래사회의 패러다임에 대해 고민하기 시작했다. 이들은 저마다 자신의 의견을 피력하며 논변하였고, 마침내 제자백가(諸子百家)라는 이름이 붙을 정도로 수많은 학파와 사상가를 배출해 중국 문화 역사상 가장 빛나는 역사의 한 페이지를 열었다.

제자백가 중에서 후세 중국의 정치사상에 가장 큰 영향을 미친 학파는 유가라고 할 수 있다. 일반적으로 기원전 500년

부터 제자백가가 활발하게 활동했던 시기로, 이는 유가 학파의 창시자인 공자가 등장한 시기이다. 공자의 이름은 구(丘), 자는 중니(仲尼)로 노(魯) 나라 사람이었으며, 춘추 시대 말기의 위대한 사상가이자 교육가이며 유가의 창시자이다.

공자의 사상 중에 가장 핵심적인 개념은 '인 (仁)'이라고 할 수 있다. 공자는 인을 '사람을 사랑하는 것'이라고 정의하였고 이를 최고의 덕목으로 삼았다.

공자가 말하는 인은 매우 풍부한 의미를 내포하고 있다. 다른 사람과 자기 자신에 대한 태도뿐만 아니라 윗사

람이 아랫사람을 대하는 태도까지 포함하고 있다. 다른 사람을 대함에 있어서는 대접받고 싶은 대로 대접하라고 했으며, 자기 자신을 대함에 있어서는 개인의 사리사욕을 극복하고 이상을 실현하는 데에 전념해야 한다고 주장했다. 또한, 윗사람을 대할 때는 '충(忠, 충성), 효(孝, 효도), 절(節, 절개), 의(義, 의리)'를, 아랫사람을 대할 때는 '애민(愛民, 백성을 사랑하는 마음)'을 강조했다. 이것이 바로 인의 본질로, 역대 통치자들이 널리 받아들인 중요한 이유였다.

공자는 인과 더불어 '효제(孝悌)'라는 덕목을 중요시하며 이를 인의 근본이라고 하였다.

공자는 윗사람이 끈끈한 정으로 친족을 대하면 백성들을 인덕으로 선도할 수 있다고 여겼다. 따라서 공자는 청소년들이 부모에게 효도하며 윗사람을 공경하는 도덕적 수양을 학업의 최우선으로 두고, 어릴 때부터 효제의 품성을 길러야 한다고 주장했다. 어렸을 때 형성된 성격은 선천적인 성격과 같아, 어른이 되면 부모에 대한 효심이 자연스레 군주에 대한 충심으로까지 만들어져 효자에서 충신으로 바뀐다는 것이었다. 이처럼 효심과 충심으로 가득한 사회는 오랫동안 평안을 누릴 수 있을 것으로 여겼다.

공자 학설 중에 또 다른 중요한 개념은 '예(禮)'이다. '극기복례(克己復禮, 자기를 이기고 예로 돌아가는 것)'라는 말에서 알 수 있듯이 예를 지켜야 한다는 것을 중요시했다. 공자 시대의 예란 단순한 예의범절과는 달리 상하의 위계질서에 따라 정해진 규정이었다. 천자에게는 제후가 할 수 없는 행동과 의식의 규정이 있었고, 제후에게는 대부가 할 수 없는 규정이 있었다. 이러한 규정들을 잘 지키는 것이 바로 공자가 말하는 예이다. 예를 어기지 말아야 상하의 위계질서가 분명한 사회가 될 수 있고, 궁극적으로 주나라 때의 정치, 사회, 문화의 질서를 회복할 수 있다는 것이 공자의 생각이었다. [1]

공자는 또한 개인의 인격 수양과 도덕심을 매우 중요하게 생각했

---

[1] '예'를 나라를 다스리는 근거와 수단으로 삼았던 통치 사상은 서주(西周)의 종법 제도가 체계화되면서 나타난 것이었다. 종법제의 실체는 귀족 내부의 친소관계를 규정하고 이를 통해 계급과 직분을 구분하여 전체 종족(宗族)의 통치 지위를 확보하는 것이었다. 공자는 '인'을 '예'의 도덕적 요소로 더하여 수정함으로써 윤리 도덕 수양을 예의 주요 골자로 만들었다.

다. '자신의 몸과 마음을 닦고 가정을 다스린 다음, 나라를 다스리며 천하를 평화롭게 한다(修身齊家治國平天下)'는 것이 곧 공자가 말하는 군자의 덕목과 도리였던 것이다. 이러한 배움과 수양을 통해 군자의 경지에 도달할 수 있다고 주장하였다. 수신은 제가, 치국, 평천하의 토대이므로 사람들은 자신의 도덕적 수양을 강화하기 위해 더욱 힘써야 한다고 했다.

공자 사상에서 강조하는 '입세(入世, 세상을 받아들임)' 정신은 대다수 고대 지식인의 공통된 삶의 철학이 되었다.

공자는 단순히 사상가가 아니라 교육혁명가이기도 했다. 그는 당시까지 왕족과 귀족의 자제에게만 열려 있던 교육을 최초로 일반 서민에게까지 확장시킨 사람이다. 공자는 유교무류(有敎無類)라고 하여 출신 성분, 사회적 지위를 상관하지 않고 누구나 교육을 받을 권리가 있다고 주장했다. 이는 후세 중국 교육 체계의 근본적 사상으로 자리 잡았다.

공자는 제자들을 가르치기 위해 전승되어 오던 고전을 새롭게 다듬어서 수업의 교재로 활용했다. 공자에 의해 다듬어진 교재로는 <시경(詩經)>, <서경(書經)>, <예경(禮經)>, <역경(易經)>, <춘추(春秋)> 등이 있다. 이들은 후대 모두 유가의 경전으로 추앙받았다.

공자의 학설을 크게 계승 발전시킨 사람은 맹자이다. 맹자는 공자의 사상을 이어받아 유가의 뼈대를 완성한 사람이다. 맹자는 공자의 사상을 보다 구체화시키면서 '의(義)'의 개념을 더 강조하여 임금은 인덕으로 통치해야 한다는 '왕도 정치(王道政治)'를 주장하였다. 왕도 정치란 무력이나 강압과 같은 물리적인 강제력으로 다스리는 '패도 정치(覇道政治)'와 대비되는 것으로 도덕적 교화를 통해서 순리대로 정치를 하는 것을 주장하는 맹자의 정치사상이었다.

또한 맹자는 공자의 '인' 사상을 정치에 적용해 '인정(仁政)'이라는 주장을 제시하였다. 그는 통치란 민심을 얻어야만 한다는 점을 강조하면서 모든 정치제도가 백성을 위해 만들어져야 한다는 민본(民本) 위주의 정치철학을 강조하였다.

맹자는 공자와 마찬가지로 각국을 돌며 여러 제후들에게 자신의 사상을 설파했지만 그들에게 받아들여지지 못했다. 부국강병을 꿈꾸던 통치자들 입장에서는 유가의 민본주의 사상을 받아들이기 어려웠기 때문이었다. 천하의 패권을 잡기 위해 치열한 경쟁과 권모술수가 전개되던 시기에 사회적 정의와 도덕을 실현하면 저절로 큰 나라가 될 것이라고 주장하던 맹자의 사상은 현실적인 대안을 제시하지 못했던 것이었다.

후에 중국을 통일한 진(秦)나라가 법으로 나라를 다스리면서 유가 사상은 더욱 배척당했고, 심지어 분서갱유(焚書坑儒)라는 역사적 비극까지 발생했었다. 서한(西漢) 중기에 이르러 통일된 봉건 전제 정권의 기틀이 완성되면서 안정기에 들어섰다. 이러한 변화에 걸맞은 이론 확립의 필요성이 제기됐고, 이때 유가가 독존(獨尊)의 위치로까지 끌어올려졌다. 이로부터 근대에 이르기까지 유가의 학설은 지배층의 정통 이데올로기로 추앙받았고, 공자 역시 '지성선사(至聖先師, 지덕이 가장 높은 선생)'로 불리게 되었다.

단어

제후국 诸侯国	패러다임 模式；框架
피력하다 公开；袒露	사리사욕 个人私利
주창하다 倡导	위계질서 等级秩序
순리 常理；道理	설파하다 游说
부국강병 富国强兵	민본주의 民本主义
권모술수 权谋术	배척(을) 당하다 遭排斥
이데올로기 意识形态	

질문

1. 제자백가가 등장한 역사적 배경에 대해 설명해 보자.

2. 공자의 '인' 사상을 구체적으로 설명해 보자.

3. 왜 공자를 교육혁명가라고 하는가? 공자의 혁신적 교육 사상이 무엇인가?

4. 맹자의 정치철학이 무엇인지 간단히 설명해 보자.

더 생각해 보자

　　공자는 유네스코 세계 10대 문화 명인의 한 명으로 꼽히고 있다. 로널드 레이건 전 미국 대통령은 "공자의 고귀한 행동과 위대한 윤리 도덕 사상은 중국 사람들뿐만 아니라 인류 전체에 영향을 미쳤다. 공자의 학설이 대대로 전해지면서 전 세계 사람들에게 풍부한 인간의 처세 원칙을 제시했다." 라고 말한 바 있다.

　　여러분은 공자에 대해서 어떻게 생각하는가? 공자의 사상과 지혜를 간략히 서술해 보자.

2. 노장(老莊)과 도가 사상

제자백가의 하나로 유가와 더불어 중국 철학의 두 주류를 이루는 것은 도가 사상이다. 도가 사상은 노자와 장자의 사상을 중심으로 하는 사상 체계이기 때문에 '노장사상(老莊思想)'이라고 한데 묶어 부르기도 했다.

춘추 시대 말기에 활동했던 노자는 중국의 도가 사상을 창시했다. 노자의 성은 이(李), 이름은 이(耳)라 하였고, 주(周)나라 정부의 장서를 관리하는 사관(史官)직에 있었다. 노자의 저작물인 <도덕경(道德經)>은 비록 5천여 자밖에 안 되지만 중국 문화에 지대한 영향을 끼쳤다. <도덕경> 영문 번역 중에 가장 많이 읽히는 판본을 쓴 천룽제(陳榮捷)은 "이 책이 쓰이지 않았다면 중국 문명이나 중국인들의 성격이 완전히 달라졌을 것"이라고 단정했을 정도이다.

노자 사상은 도(道)를 말한다. <도덕경>에서 "'도'가 '하나'를 낳고, '하나'가 '둘'을 낳고, '둘'이 '셋'을 낳고, '셋'이 만물을 낳다(道生一, 一生二, 二生三, 三生萬物)"라는 구절이 있다. 노자는 도를 만물의 근원이고 존재의 근거이며, 우주와 그 안의 모든 것이 그러하도록 하는 근본원리로 보았다.

노자 사상의 핵심은 무위자연(無爲自然)이다. 천지만물은 반드시 그 생성 원리가 있어 생성, 변화, 발전, 소멸의 과정을 거치는데, 이러한 과정은 특정한 힘이나 작용이 있어서가 아니라 저절로 그렇게 되는 것이라고 했다. 이처럼 저절로 그렇게 되고 또 그렇게 존재하는 것이 바로 '자연'이라고 말했다. 이러한 자연의 원칙에 따라 만물을 대하는 것이 바로 '무위'이고, 이는 아무것도 안 하는 것이 아니라 인위적인 행위를 가하지 않고 자연의 질서에 따르는 것이라고 말했다.

그래서 노자는 인간의 생활방식도 도의 작용이나 원리를 체득하고 그대로 따르라고 했다. 사물에 대해 가지고 있는 잘못된 선입견이나 지식을 버리면 도와 하나 됨의 경지에 이르고, 이렇게 될 때 모든 인위적 속박에서 벗어나 자유를 누리게 된다고 했다. 자기중심의 생각을 적게 하고 욕심을 줄이며, '완전한 비움에 이르고 참된 고요를 지키는 것(致虛極, 守靜篤)'이 새로운 삶을 살아갈 수 있는 힘을 얻는

길이라고 주장했다.

노자는 이 무위의 원칙을 지도자에게 적용하고자 하여, 가장 훌륭한 지도자는 무위의 원칙을 따르는 지도자라고 했다.[1] 무위라고 하여 방치한다는 뜻이 아니라 산과 들을 풍요하게 하는 이슬처럼 혹은 가랑비처럼 있는지 없는지 모르게 백성들에게 도움을 줘야 한다고 했다. 또한 백성들의 일이 잘 될 때, 자기의 공로를 인정받겠다고 과시적이거나 인위적으로 일하지 말고, 백성들이 이 모두가 저절로 된 것이라고 말할 수 있도록 하라고 했다. 이렇게 무위를 실천하는 지도자의 통치 스타일을 두고 노자는 "큰 나라를 다스리는 것은 작은 생선을 조리하는 것과 같다(治大國若烹小鮮)"라고 했다. 나라를 다스릴 때에 과도한 간섭을 해서는 안 되고, 가만히 두면서 지켜보는 것

---

[1] 노자는 네 가지 종류의 지도자가 있다고 했다. 가장 훌륭한 지도자는 사람들에게 그 존재 정도만 알려진 지도자, 그다음은 사람들이 가까이 하고 칭찬하는 지도자, 그다음은 사람들이 두려워하는 지도자, 가장 좋지 못한 지도자는 사람들의 업신여김을 받는 지도자라고 했다.

이 가장 좋은 정치란 주장이었다.

노자의 뒤를 이어 장자가 그 사상을 계승, 발전시켰다. 장자의 이름은 주(周)로 송(宋)나라의 몽(蒙)이라는 곳에서 칠원리(漆園吏, 농장의 관리인)를 지냈다. 장자는 자신의 저작물인 <장자>에서 도법자연(道法自然)의 노자의 관점을 계승하였다. 그러나 노자의 사상이 정치에 치중하는 것이라면 장자는 개인의 인생철학에 더 관심을 갖고 있었다. 장자는 자신밖에 있는 만물과 자신을 동일시했고 삶과 죽음을 같게 보았으며, 초월과 유유자적의 정신세계를 추구했다.

<장자>에서 나온 '나비의 꿈(胡蝶夢)'은 널리 알려져 있는 우화이다.[1] 이 이야기 속에서 장자와 나비를 구분할 수 없다. 장자가 나비가 되었을 수도 있고, 나비가 장자가 되었을 수도 있다. 이처럼 모든 가치는 상대적인 것이라고 말한다. 따라서 내가 안다고 생각한 것이 틀린 것일 수도 있고, 그 반대일 수도 있다는 것이다. 이처럼 인간의 인식에는 한계가 있기 때문에 눈에 보이는 현상에 얽매이지 말고 만물과 하나가 되는 절대 자유의 경지를 추구해야 한다는 것이 장자의 생각이었다. 그러므로 장자는 말로 전하고 머리로 익히는 지식을 부정하고, 오직 스스로 체득하여 깨달음의 높은 경지에 올라야 한다고 주장했다.

이러한 도가 사상은 학문적인 진리 탐구의 대상이 되기도 했지만, 위진 남북조(魏晉南北朝) 시대처럼 사회가 혼란과 역경에 빠져 있을 때는 사람들에게 새로운 삶의 지혜를 밝혀 주는 지침서 같은 역할도 했다. 그러나 도가 사상이 쇠퇴해 버린 동한(東漢) 이후에는 점차 민간의 점술법과 결합해 도교로 발전하게 되었다.

---

[1] '나비의 꿈'의 내용은 다음과 같다. 장자가 꿈에 나비가 되어 즐겁게 놀았다. 나비가 된 장자는 즐겁고 유쾌하여 자신이 장자인 줄 몰랐다. 그러다 문득 자신이 장자라는 것을 깨달으며, 자신이 꿈에서 나비가 된 것인지, 아니면 나비가 꿈에서 장자인 자신이 된 것인지 알 수 없었다.

단어

인위적 人为的   체득하다 领悟

선입견 偏见；成见   방치하다 搁置

가랑비 细雨   과시적 炫耀性的

동일시하다 等同；等量齐观   유유자적 悠闲自得

얽매이다 被束缚   점술법 占卜术

질문

1. 노자 사상의 핵심인 무위자연에 대해 설명해 보자.

2. 노자가 생각하기에 어떤 지도자가 가장 훌륭한가? 이유와 함께 설명해 보자.

3. 장자의 인생 철학에 대해 간단히 설명해 보자.

더 생각해 보자

> 새옹실마(塞翁失馬)는 서한(西漢) 회남왕(淮南王) 유안(劉安)이 지은 <회남자(淮南子)>에 실린 이야기이다. 이 이야기에는 중국 도가 사상의 우주관과 세계관이 담겨 있다.
>
> 새옹실마가 어떤 이야기인지, 그리고 중국인의 세계관을 어떻게 반영하고 있는지 자유롭게 토론해 보자.

3. 선종(禪宗)의 사상

인도에서 시작된 불교는 1세기 경 중국에 유입되었다. 그 이후로 끊임없이 토착화되며 발전하여 중국인의 종교와 사상 체계에 큰 영향을 미쳤다.

특히 수당(隋唐) 시대에는 불교의 중국화가 많이 이루어졌다. 국가의 통일에 발맞추어 경제가 발전하고 문화 교류도 빈번해지면서 불교 철학은 전례 없는 발전을 이룩하게 되었다. 당나라의 통치자들은 유학(儒學)과 불교, 도교를 함께 숭상하는 정책을 실시했다. 이로 인해 불교는 중국 전통문화와 융합되는 과정 가운데 유가와 도가 사상을 흡수하여 중국화된 불교 종파들을 형성했다. 선종이 그중에서 가장 오랫동안 지속되어 내려온 종파이다.

선종은 육조(六朝) 시대에 인도의 대승불교(大乘佛教)와 중국의 도가 사상이 융합되어 시작했으며 수나라와 당나라에 이르러 한층 더 발전하게 되었다. 선종의 대표 인물인 혜능(慧能)은 중국 불교에 획기적인 변화를 가져온 사람이었으며 그의 사상은 그의 설법을 기록한 <단경(壇經)>에서 볼 수 있다.

선종 혜능의 주요 불학 사상으로는 불성설(佛性說)과 돈오설(頓悟說), 무념설(無念說)이 있다.

혜능은 사람을 서로 다른 지역과 민족으로는 구분할 수 있지만 불성에는 차이가 없고 누구나 불성이 있다고 생각했다. 하지만 성불하려면 수행을 통하여 망념을 떨쳐 운무(雲霧)를 헤쳐야만 본성을 자각하고 성불할 수 있다고 주장했다. 선종에서는 마음과 불성을 별도로 구분하지 않았고 인간의 본질적인 마음을 곧 불성으로 생각했다. 참선(參禪)으로 자신의 본성을 구명하여 깨달음의 묘경(妙境)을 터득하면 누구나 부처가 될 수 있다고 했다.

선종에서는 경전을 중심으로 하는 수행과 달리, 문자를 뛰어넘어 참선을 통한 내적 관찰과 자기 성찰을 통하여 불도를 깨닫는 것을 주장했다. 이것은 불립문자(不立文字)라는 선종의 종지인 것이었다. 언어나 문자를 매개로 하는 이론보다 진리의 체험적 직관을 중요시했던 것이었다.

선종의 '여인음수 냉난자지(如人飮水 冷暖自知)'라는 구절에서 이를 잘 알 수 있다. 사람이 물을 마실 때 차고 따뜻한 것은 직접 맛을 보아야 알 수 있다는 것으로 이처럼 생명으로 가득 찬 다채롭고 풍부한 세상은 직접적인 체험을 통해서만 느낄 수 있다는 것이었다. 이렇게 몸소 겪어 체험한 것을 말을 통해 전달하기란 무척 어려운 일이기 때문에 '이심전심(以心傳心, 마음에서 마음으로 전한다는 뜻)'이라고 하였다.

돈오설은 선종의 또 다른 중요한 사상이다. 혜능은 오랜 수행을 할 필요 없이 자신의 지혜로 불교의 참뜻을 파악하면 문득 깨달을 수 있다고 여겼으며, 성불 여부는 찰나의 순간에 있다고 했다.[1] 문득 깨달아 성불할 수 있는지는 불법(佛法)이 아닌 수행자 본인의 자질에 달렸다는 것이었다. 세상에는 총명한 사람도 있고 어리석은 사람도 있기에 혜능은 총명한 사람은 문득 깨달음을 얻을 수 있지만, 어리석은 사람은 조금씩 가르쳐 마침내 깨닫게 해야 한다고 했다.

---

[1] 선종은 수행하는 시간과 방법에 대한 다른 견해로 인해 북종과 남종으로 갈라진다. 북종의 신수(神秀) 계열은 점진적인 수행을 강조하는 데 비해, 남종의 혜능 계열은 단박에 깨치는 것을 강조했다. 초기에는 북종이 훨씬 우세했지만, 결국에는 남종선이 대세를 장악하게 되어 북종선은 자취를 감추게 되었다. 선종은 후대로 갈수록 더욱 즉시에 깨치는 것을 강조하는 경향을 보였다.

　　망념과 덧없는 것을 없애고 본성과 같은 진실을 자각
하는 것이 깨닫고 성불하는 길의 관건이라고 했다. 그
렇다면 어떻게 망념과 덧없는 것들을 없애고 청정한 불
성이 드러나게 할 수 있을까? 혜능은 '무념'이 핵심
이라고 했다. 무념은 선종의 최고 취지이자 최고 경지
였다.

　　무념이란 외부와의 접촉에서 외부의 영향을 받지 않고
어떤 표상(表象)도 만들어내지 않음을 의미하는데 본심
(本心)이 텅 비어 고요한 상태를 유지하는 것을 말한다.
예로부터 불교는 어느 종파나 '공(空) 사상'을 알리는 데
힘썼다. 넓은 세상과 만물, 맛있는 요리, 아름다운 여자
등은 불도들이 보기에 존재하지 않는 허상이라고 여겼다.
명예, 비방과 칭찬, 전진과 후퇴, 얻고 잃는 것에 집착하
는 것은 모두 불성에 대한 모독이었던 것이다. 몸은 속세
에 있더라도 마음은 속세 밖에 있을 때 총애나 모욕에 동
요하지 않고 전진과 후퇴에도 여유가 있으며 그제야 비로
소 부처의 참뜻을 파악할 수 있게 된다고 하였다.

단어

토착화되다 本土化
설법 (讲经) 说法
자각하다 自觉; 觉悟
수행 修行
모독 亵渎

망념 妄念; 妄想
획기적 划时代的
구명하다 探明; 弄清楚
덧없다 虚无的; 无常的

질문

1. 선종에서는 왜 불립문자를 종지로 삼았는가?

2. 무념이란 무엇인가? 왜 이것이 선종 최고의 경지라고 하는가?

3. 선종은 왜 중국화된 불교라고 하는가?

더 생각해 보자

"
　　사람들이 흔히 말하기를 선종은 불교를 아버지로 도가 사상을 어머니로 하여 탄생한 혼혈아로, 어머니인 도가 사상을 더 많이 닮았다고 한다. 이 말은 선종의 형성이 도가 사상의 영향을 더 많이 받았다는 것을 뜻하는 것이다.

　　그렇다면 선종은 도가 사상의 어떤 영향을 많이 받았는지 자료를 찾아보고 이야기해 보자.

4. <손자병법>에 담긴 철학과 지혜

제자백가에는 군사 사상을 전문적으로 연구하는 학파가 있다. 이 중에서 병학(兵學)을 전수하고 병서(兵書)를 쓰는 사람들을 병가 (兵家)라고 한다. 병가의 대표적인 인물은 손무(孫武)이다. 제(齊)나라 출신인 손무는 훗날 오(吳)나라 왕이었던 합려(闔閭)에게 발탁되어, 전쟁에서 5전 5승을 거두면서 후대에 '병성(兵聖)'이라는 칭호를 부여받았다. 손무의 군사 사상을 담은 병법서인 <손자병법 (孫子兵法)>은 현존하는 세계에서 가장 오래된 중국 고대의 대표적인 병서이다.

<손자병법>은 총 13편 6천여 자로 구성되어 있다. 짧은 내용에도 불구하고 당시 전쟁에 관한 총체적 관점이 담겨 있다. 고도의 용병술과 전략을 다루면서도, 철학적 사유를 바탕으로 상황에 맞는 처세술을 강조하고 있어, 중국 고대 병서 가운데 최고의 경전으로 꼽힌다.

이 책에는 지혜로 가득 찬 수많은 전략들이 담겨 있다. 전쟁 전에 적과 아군의 상태를 잘 파악해 놓으면 백 번 싸워도 질리 없다는 뜻으로, '지피지기 백전불태(知彼知己 百戰不殆)'라는 말이 있다. 이 말에서 알 수 있듯이 군대를 동원하려면 조정과 장수는 적의 준비상황뿐만 아니라 아군의 상태도 파악하여 쌍방에 대한 이해를 전제로 준비해야 한다는 말이다. 물론 적의 상황을 파악하는 것은 쉬운 일이 아니다. 적군의 작전 명령을 파악하기도 어려울 것이고, 거짓 정보를 흘리는 등 위장 작전을 구사할 것이기 때문이다. 또한 같은 이치로 보면, 아군의 상황을 파악하는 것도 쉽지는 않다. 백성들의 민심, 장수들의 준비상황과 심리상태, 병사들의 사기와 훈련 상태가 어느 정도인지를 일목요연하게 정리하고 파악하는 것도 만만치 않은 일이다. 역사적으로 보면 장수들이 군주에게 충성하기 위해 거짓으로 상황을 보고하고, 개전 후 바로 전멸당한 사례가 많다.

전쟁이란 어찌 보면 서로 속고 속이는 일종의 '도(道)'이다. 충분한 역량을 가졌지만 능력이 없는 것처럼 하는 것과 군대를 움직이되 적이 눈치를 못 채게 하는 것, 실제로는 가까운 곳을 공략하고자 하나 적에게는 먼 곳을 노리는 것처럼 보이게 하는 것, 반대로 먼 곳을 공격하고자 하나 겉으로는 가까운 곳에 공세를 할 것처럼 하는 것이 모두 전쟁의 전술이다.

　속임수 군사전략으로 쓰이는 가장 익숙한 방식 중에 동쪽으로 군대를 움직이면서, 소수 정예를 서쪽으로 보내 성벽을 기어오르게 하는 성동격서(聲東擊西)가 있다. 동태를 살피던 서쪽의 적이 안심하고 있을 때, 바로 허(虛)가 생기게 되는 것이다. 적군이 미처 방비할 생각을 못 하는 곳에 집중하여 공격하고, 전혀 생각하지도 못한 곳으로 출병시키는 것이 핵심이니, 이것이 바로 병가지승(兵家之勝)이다.

　<손자병법>은 대립적 요소를 이용하여 역으로 세(勢)를 조성하는 생생한 변증법으로 가득 차 있다. 여러 가지 상황 변화를 맞아 순식간에 변하기 마련인 전쟁의 형세는, 아마도 세상에서 가장 종잡을 수 없는 일 중에 하나일 것이다. 군대를 잘 통솔하여 승리로 이끌고자 한다면 반드시 이런 변화의 형세를 잘 파악해야 한다고 강조하고 있다. '난생어치, 겁생어용, 약생어강(亂生於治, 怯生於勇, 弱生於强)'이라는 말도 결국 시시각각 변하는 전쟁의 원리에 대한 설명이다. 여기서 언급된 '난'과 '치', '겁'과 '용', '약'과 '강'은 서로 대립하면서도 전화하기도 한다. 이와 같이 전쟁이라는 상황에서는 영원히 변하지 않는 것이 없고, 모든 상황과 요소들이 움직이기 마련이다. 패배가 승리로 바뀌고, 승리가 한순간에 패배로 이어지기도 하므로 손자는 불리한 요소를 유리하게 바꿔 승리로 이끌어 나갈 방법을 가르치고 있다.

　<손자병법>은 군사학의 경전으로 전쟁에서 승리를 거둘 수 있는 일련의 전략과 전술을 소개하고 있지만 가장 큰 전략은 싸우지 않고 이기는 것이라고 말한다. <손자병법>의 서두에 전쟁은 병사와 백성의 생사를 가르고 국가의 존망을 결정하는 중대사이므로 결코 가볍게 일으켜서는 안 된다고 서술되어 있다. 비위부전(非危不戰)이라고 하듯이 위급하지 않은 시기에는 전쟁을 일으키지 말아야 한다고 말하고 있는 것이다. 손자는 전쟁의 심각한 결과에 대해서 끊임없이 강조하며 위정자나 군대 통솔자들은 반드시 신중하게 전쟁에 임해야 한다고 주장하고 있다.

　<손자병법>은 단순한 병서에 그치는 것이 아닌, 시대를 초월하여

일반인들의 처세학으로서 널리 회자되고 있다. 단순히 병법을 넘어 인간 사회의 모든 문제에 적용해도 될 만큼 보편적인 내용을 담고 있기 때문이다. 나아가 정교한 문체와 치밀한 구성 등으로 세계 군사학에서 중요한 위상을 차지하고 있다. <손자병법>은 7세기에 일본으로 전해진 이후 17세기에 이르기까지 관련 연구 서적이 무려 170여 종이나 나왔다. 조선반도에는 15세기에 전해진 이후로 많은 무신(武臣)들의 지침서가 되었으며, 조선시대에는 역관 시험의 교재로 쓰이기도 했다. 18세기 이후에는 프랑스어, 영어, 독일어 등으로 변역되어 널리 읽히고 있다.

단어

용병술 用兵之道	처세술 处世之道
장수 将领	일목요연하다 一目了然的
전멸당하다 全军覆没	노리다 觊觎
속임수 骗术	소수정예 少数精锐
방비하다 防备	출병(을) 시키다 派兵
형세 形势	통솔하다 统率
위정자 执政者	회자되다 脍炙人口

질문

1. <손자병법>은 왜 병서들 중에서 최고의 경전으로 뽑혔는가?

2. <손자병법> 중에서 변증적인 사유를 드러낸 예를 들어 보자.

3. 손자는 왜 '비위부전'이라고 했는가? 손자의 신전(愼戰) 사상에 대해 이야기해 보자.

더 생각해 보자

"중국 고대의 사상 관념은 때때로 고사성어 형식으로 전해져 내려왔다. 이들 고사성어는 교훈적인 내용을 담고 있으며, 사람들의 행동 규범과 가치관 형성에 지대한 영향을 미쳤다. 다음 고사성어의 뜻을 설명하고, 각각의 출처를 밝혀보자.

인자무적 (仁者無敵)	이일대로 (以逸代勞)
연목구어 (緣木求魚)	대교약졸 (大巧若拙)
군주민수 (君舟民水)	과유불급 (過猶不及)

제 2 장
중국의 전통 예술

　중국의 예술은 유구한 역사를 지녔다. 만8천여 년 전 산정동인(山頂洞人)의 장신구는 이러한 예술적 심미 관념이 일찍이 시작됐다는 것을 설명해 준다. 8천여 년 전의 암벽화(巖壁畵), 채도(彩陶), 옥기(玉器)는 중국 예술의 시작으로 볼 수 있다. 또한 6천여 년 전의 앙소(仰韶) 문화 채도는 이미 예술적 경지에 이르렀었고, 작품의 분포 지역이 넓고 수량도 많아 중국의 예술과 문화적 특징을 가장 잘 드러내는 대표적인 작품이 되었다.

　중국의 고대 예술은 서양의 예술처럼 각 분야가 대등하지 않고 평가에 차이가 있어서 고대 학자들에게 하나의 전체로 파악되지 않았다. 그중에서 가장 평가를 높이 삼는 것은 시문(詩文)이고, 그다음은 회화와 서예, 그다음으로 건축과 조소(彫塑) 등 순서이다. 시문에 대해서는 뒤에 따로 한 장을 내어 논술하도록 하겠고, 본 장에서는 중국의 고대 건축과 회화, 서예, 희곡에 대해 각각 나누어 소개하겠다.

1. 고대 건축

상고시대의 중국인들은 주로 굴을 파서 혈거 생활을 하거나 간단한 움막 같은 데서 생활하였다. 도구가 발달하면서 점차 땅 위에 내구성이 강한 집을 짓기 시작했다. 시안(西安) 반파(半坡)에서 발굴된 가옥 유적들이 있는데 이는 중국 최초의 건물로 볼 수 있다. 원형 또는 사각형으로 지어진 그 가옥 형태들을 통해 '천원지방(天圓地方, 하늘은 둥글고 땅은 네모나다)' 이라는 고대 중국인들의 우주관을 엿볼 수 있다.

상고시대부터 동한(東漢)까지는 황제를 중심으로 한 궁궐, 원유(苑囿), 종묘, 왕릉 등 일련의 궁정 건축의 양식이 줄곧 발전해 나가며 점차 성숙된 면모를 형성하였다. 동진(東晉) 때부터는 사대부들의 기품과 정취를 드러내는 사택 원림이 널리 유행하였고, 남북조(南北朝) 시대부터는 사찰 건물들이 많이 지어졌다. 그로부터 청대(淸代)에 이르기까지 중국 고대의 건축 체계는 기본적으로 이 네 가지, 즉 궁궐, 왕릉, 사찰, 원림으로 나누어 살펴볼 수 있다.

황궁으로 대표되는 궁궐 건축은 황제의 지고무상한 권위를 강조하는 것을 주제로 삼으며, 웅장하고 화려하게

지어진 것이 특징이다. 세계에서 가장 큰 궁궐로 자랑하는 자금성(紫禁城)은 전체 면적 72만 제곱미터, 건평 15만 제곱미터로, 모두 9천여 칸의 방이 있는 거대한 건축물이었다. 천안문(天安門)은 중화문(中華門) 안에 들어선 첫 번째 주요 건축물로 일반 가옥보다 훨씬 높게 지어져 황제의 위엄을 드러냈다.[1]

또한 자금성은 남북을 관통하는 중축선을 중심으로 양측의 건축이 나란히 대칭을 이룬다. 중축선 위에 놓인 중요한 건축물들은 크고 화려하며, 양측의 건축물들은 상대적으로 작고 간단하다. 이러한 건축물들의 배열은 봉건제도의 서열을 엄격하게 지키며 엄숙한 분위기를 풍겼다. 중화문부터 천안문, 오문(午門), 태화문(太和門) 그리고 태화전(太和殿)에 이르기까지 겹겹이 율동적으로 나타나는 건축물들의 변화는 황제에 대한 경외심을 끊임없이 가중시켰다.

황궁은 지붕을 금빛으로 하여 현세의 찬란한 빛과 황제의 위엄을 나타냈다면 왕릉은 다른 세계와 연결되어 있으

[1] 중화문은 명나라 때 난징(南京) 고궁의 홍무문(洪武門)에 따라 세워졌다. 이름은 명나라 때 대명문(大明門), 청나라 때 대청문(大淸門)으로 바뀌었다가 신해혁명 이후 중화문으로 개칭되었다. 1952년 천안문 광장을 증축하기 위하여 철거되어 지금은 남아 있지 않다.

므로 지붕을 청토로 하여 영원하고 고요한 안식을 표현하며 죽은 황제의 권위를 나타냈다. 왕릉의 지하 형태는 보이지 않기 때문에 살아 있는 사람에게 그 어떤 심리적 영향도 끼치지 않았지만, 땅 위에 있는 건축물은 최대한 엄숙한 분위기를 조성하기 위해 궁전 건축의 특징을 그대로 따라지었다. 그래서 산을 끼고 짓거나, 흙을 높이 쌓아 만들거나, 주변에 나무를 심어 산처럼 보이도록 꾸몄다.

또한 황제의 왕릉은 왕릉을 포함한 대규모 단지로 조성되었는데, 왕릉 단지 입구의 첫 번째 문에서부터 지하 궁전(地宮) 입구까지 때로는 여러 개의 문을 거쳐야 했고, 그 거리가 수 킬로미터에 달하는 경우도 있었다. 참배 장소로 통하는 신도(神道)와 그 양측에 세워져 있는 석수(石獸), 화표(華表) 등은 엄숙한 분위기를 자아냈다.

동한(東漢) 시기에 지어진 뤄양(洛陽) 백마사(白馬寺)는 중국 사찰 건축의 최초라고 기록에 남아 있다. 이때부터 중국의 불교 사찰은 인도 사찰의 건축 양식에 머무르지 않고, 중국의 궁전 건축의 특징을 그대로 따랐다. 이후의 도교의 사원도 마찬가지였다. 따라서 불교 사찰과 도교 사원은 조각상, 벽화, 실내외 장식을 제외하고는 궁전 건축 형식과 기본적으로 일치했다. 전체적인 배치나 전당의 구조 등은 모두 황궁을 모방하여 휘황찬란하고 장엄한 분위기를 풍기게 했다.

궁궐이나 왕릉과 마찬가지로 사찰 또한 엄숙함이 요구됐다. 절의 대문 안쪽에 보통 네 개의 전당을 구성했고, 가장 핵심이 되는 건축물을 세 번째 전당에 배치하는 식으로 했다. 이는 사람들의 경외심을 공간적 흐름의 변화에 따라 느끼게 하기 위함이었다. 명산에 있는 사찰은 산세에 따라 보통 두 개 혹은 한 개의 전당으로 끝나는 경우였지만, 입산 후 이어지는 길고 긴 산길 자체를 사찰의 연장으로 본다면, 사실상 산길에서부터 이미 이러한 공간적 흐름이 시작됐다고 할 수 있다.

중국 원림의 역사는 서주(西周) 초기에 제왕들이 수렵하고 휴식하는 공간으로 쓰인 원유로 거슬러 올라갈 수 있다. 그 이후부터 중국 원림은 궁전 건축의 기본 틀에서 크게 벗어나지 않으며, 제왕들의 위대함과 위엄을 드러내는 데 취지를 두고 있었다. 위진 시기부터 중국 남부의 사가 원림이 성행하기 시작했는데 이는 황실 원림과 상이

한 면모를 보여준다. 황실 원림은 실제 산수의 자연을 배경으로 왕궁의 누각을 배치해 천지를 축소한 것과 같은 화려한 기개를 자랑하는 데 초점을 두었다면 사가 원림은 문인 사대부들의 저택을 중심으로 자연 경관과 적절하게 균형을 이루도록 배치하는 것을 추구했다. 정자와 누각은 모두 지형을 따라 모양을 냈는데 연못, 산, 바위, 꽃, 나무 등 모든 사물을 사람과 자연의 정서적 교류를 고려하여 배치하였다. 또한 사람에게 긴장감을 주기 쉬운 대칭 구도를 취하지 않고, 최대한 자연스러운 흥취가 우러나도록 공간 배치에 공들였다.

또한 산수에서 노니는 맛을 최대한 살리기 위해 공간을 변화무쌍하게 배치하여 더욱더 많은 상상과 정감을 불러일으킬 수 있도록 했다. 예를 들어 폐쇄된 회랑을 지나다가 갑자기 눈앞에 탁 트인 경치가 나타나게 공간을 배치하였고, 때로는 그 반대로 확 트인 시야를 만끽하게 한 후, 다시 좁고 폐쇄된 공간을 지나가도록 했다. 이렇게 시선에 다양한 변화를 줌으로써 경이감과 뜻밖의 의외적인 느낌을 느끼게 했다.

단어

혈거 穴居	내구성 耐久性
웅장하다 雄伟的	장엄하다 庄严的
중축선 中轴线	방정하다 端正的；井然有序的
율동적 律动的；有节奏的	경외심 敬畏感
조각상 雕像	휘황찬란하다 辉煌灿烂的
흥취 兴致；趣味	노닐다 徜徉；闲游
변화무쌍하다 变幻无穷的	경이감 惊奇感

질문

1. 중국의 전통 궁궐 건축의 특징에 대해 이야기해 보자.

2. 왕릉과 궁궐 건축의 공통적 특징과 차이점은 무엇인가?

3. 중국 원림의 공간 배치에 있어서 어떤 특징이 있는가?

더 생각해 보자

"
오늘날의 자금성은 고궁박물원이 되었다. 날마다 수많은 국내외 관광객들이 이곳을 방문하면서 이 궁전의 웅대한 기세와 아름다운 건축물에 찬탄을 아끼지 않는다.

만약 여러분이 가이드라면, 여러분은 외국 관광객에게 고궁을 어떻게 소개하겠는가? 자료를 찾아서 이야기해 보자.

2. 중국화

중국화는 원래 서양화와 구별되는 개념으로 중국의 회화를 넓게 포괄하는 말이다. 오늘날에는 붓, 먹, 종이 등의 도구와 재료로 중국의 전통 예술 기법과 양식으로 그린 그림을 가리킨다.

중국화는 도구와 재료에 따라 수묵화나 채묵화로 분류할 수 있는데 이는 유화, 수채화 등과 같은 개념에 속한다. 주제별로는 인물화, 산수화, 화조화로 나눌 수 있다. 유구한 역사 가운데 중국화는 그 예술적 특징과 문화적 함의를 시기별로 다르게 표현했지만 중국화의 전형적인 모습은 단연 수묵 산수화일 것이다. '그림의 도에는 수묵이 최고(畵道之中, 水墨爲上)'라는 말에서 알 수 있듯이 수묵 산수화는 한때 중국 회화 사상의 주류였던 것이다.

그렇다면 중국 화가들은 왜 수묵화에 애정을 갖고 있을까? 먼저 회화의 기술과 재료에서 그 이유를 찾을 수 있다. 수묵화는 일반적으로 종이에 그리는데 중국은 일찌감치 제지술이 발달했다. 이로 인해 좋은 질감과 탁월한 침투 기능을 가진 종이가 수묵화 출현의 토대가 되었다. 또한 중국의 서예 전통과 그 창작 방식 역시 수묵화에 직접적인 영향을 미쳤다. 중국 최초의 수묵화가로 꼽히는 당나라 시인 왕유(王維)가 중국 서예로부터 영감을 얻어 수묵화를 창조했다고 전해지고 있다. 그 후 수묵화가 점차 하나의 회화 풍조가 되었고, 당(唐) 말기, 오대(五代)를 거쳐 북송(北宋) 초기에 이르러서는 채색화를 넘어 중국화의 주류로 자리잡게 되었다.

중국 화가들이 수묵화에 애정을 갖는 더 큰 이유로는 중국인의 관념에서 찾을 수 있다. 검은색 먹물로 흰 종이와 비단에 그림을 그리는 것은 중국 화가들이 중요시하는 '흑백의 세계'이다. 흑백의 세계는 곧 무색의 세계라는 것인데 그것은 색이 아예 없는 것이 아니라, 현란하고 화려한 색이 없다는 것을 뜻한다. 원래 중국화는 초기에 '단청(丹青)'이라 불릴 정도로 색채를 강조하며 풍부한 색으로 자연의 색채를 표현해야 한다고 여겼다. 그러나 이러한 양상은 당대와 오대를 걸쳐 변화하기 시작했다.

도가 사상의 영향을 받은 당대의 화가들은 '자연의 묘미를 닮은 그림을 그릴 것(同自然之妙有)'을 주장하였다. 곧, 서화 예술은 대자연과 같아야 하는데 대자연은 가장 소박한 것이기 때문에 인위적인 것이나 지나치게 꾸미는 것을 배척했다. 그래서 화가들은 산수화를 그리면서 청록색을 대신하여 수묵으로 색을 입혔던 것이다. 이런 수묵의 흑백이 자연의 본성에 가장 가깝다고 여겨 수묵 산수화를 최고의 경지로 꼽았다.

중국화는 그 기법에 따라 크게 공필화(工筆畵)와 사의화(寫意畵)로 구분할 수 있다. 공필화는 화면 가득 대상물을 세밀하게 그리되 묘사가 깔끔하고 채색이 정교한 그림을 말한다. 이에 비해 사의화는 묘사 대상을 작가의 의도와 느낌을 강조하여 간결한 터치로 그린 그림이다. 그러나 공필화이든 사의화이든 중국화는 서양화와는 달리 사실적인 묘사보다 묘사 대상의 내면과 정신을 표현하는 데 주력하였다.

중국 전통회화의 구도는 서양화처럼 정지된 시야를 한 곳에 고정시키는 초점(焦點) 투시법에 얽매이지 않았다. 항상 대범하고 자유롭게 시공간의 한계를 넘나들며 개인의 주관성을 발휘하거나 좌우로 시점을 이동하는 독특한 방식을 선택했다. 이러한 독특한 투시법에 대해 대립적인 관점을 보여주는 두 사람이 있다.

먼저, 미국인 판론은 중국화는 보기에 투시법을 쓰지 않을 뿐만 아니라 형상을 닮게 묘사하지도 않기 때문에 아이가 그린 그림처럼 수준이 낮다고 여겼다. 그다음으로 이와 반대의 관점을 가진 중국인 소동파(蘇東坡)는 그림을 그릴 대상의 모양과 닮게 그리면 도리어 그 그림은 그릴수록 아이가 그린 그림처럼 된다고 생각하였다. 이렇게 두 사람의 관점이 대립되는 것은 그만큼 중국화와 서양화가 다른 길을 걸어왔다는 것을 반증해 주는 예라고 할 수 있다.

중국의 산수화라면 문인화를 빼놓을 수 없다. 문인화는 문인 사대부가 그린 그림을 말한다. 뛰어난 기교를 바탕으로 황제의 명에 따라 그림을 그리던 궁정(宮廷) 화가들과 달리, 문인 화가들은 자신의 취향에 따라 자유로운 방식으로 그림을 그렸다. 시, 서, 화에 모두 정통한 이들은 회화의 기교보다는 그림을 통해 자신의 의지를 표현하고 감정을 풀어내는 데에 더 관심이 많았다. 또한 그들은 색채를 사용하지 않고 수묵으로만 그리는 것을 즐겼다. 송원(宋元) 시대에 문인화는 성숙한 단계로 접어들게 되어 대가를 많이 배출하여 중국 산수화를 최고의 경지로 끌어 올렸다.

예전부터 '글씨와 그림의 근원은 같다(書畵同源)' 라는 말이 사용되었다. 서예와 회화는 붓, 먹, 종이, 비단과 같은 동일한 소재를 사용하기 때문에 기법과 심미관에서 많은 공통점을 지니고 있다. 그림 위에 지어 넣는 시문(詩文)을 제화시(題畵詩)라고 하는데, 이는 그림의 운치를 배가시킨다. 시문 외에도 그림에 찍는 인장인 낙관(落款)이 있다. 낙관은 인장을 예술적 경지로 끌어올려 전각(篆刻)이라는 예술 양식을 탄생시키기도 했다.

단어

수묵화 水墨画	채묵화 彩墨画
제지술 造纸术	침투 渗透
현란하다 绚丽的	배척하다 排斥
투시법 透视法	형상 形象; 造型
정통하다 精通	은거하다 隐居
그윽하다 幽远的; 深邃的	심미관 审美观

질문

1. 시와 그림의 관계에 대하여 이야기해 보자.

2. 왜 중국화의 전형적인 모습이 수묵 산수화라고 하는 것인가?

3. 중국의 고대 화가들은 왜 투시법의 원칙을 따르지 않았는가?

더 생각해 보자

" 주한 중국대사관은 '중국 고대 회화전'을 개최할 계획인데, 여러분이 전시 기획자라면 어떤 작품을 선택하여 전시하겠는가? 최소 작품 5점을 선택하여 작품에 대해 소개하고, 이 작품들을 선택한 이유에 대해 말해 보자.

3. 서예

서예는 한자를 사용해 글씨를 예술적 양식으로 승화한 것이다. 세계적으로 문자를 예술에 응용한 경우는 많지 않다. 또한 한자처럼 글씨를 쓰는 문화가 광범위하고 엄밀하게 적용된 예를 찾아보기도 쉽지 않다. 이로써 서예는 중국의 전통 문화를 대변하는 독특한 예술 중 하나로 자리잡았다.

중국 서예는 한자의 발생, 그리고 변천과 함께 발전했다. 현재까지 발견된 중국 최초의 한자는 상대(商代)의 갑골문과 금문이다. 한말(漢末) 위진(魏晉)시대에 이르러 한자는 기록의 기능만을 지닌 것에서, 심미적 기능까지 갖춘 서예라는 예술로 발전했다.

중국의 서예가 예술로 탄생할 수 있었던 이유는 크게 두 가지로 볼 수 있다. 우선, 상형자를 바탕으로 하여 정방형으로 만들어진 한자가 지닌 독특한 아름다움이 서예의 형식미를 갖추게 했다. 한자를 쓰는 형식에는 갑골문을 비롯하여, 청동기에 새겨져 있는 금문(金文), 진시황의 문자 통일 이후에 생겨난 소전(小篆), 한나라 이후에 유행한 예서(隷書), 예서를 바탕으로 나온 해서(楷書)와 행서(行書), 초서(草書) 등 여러 단계를 거쳐 발전해 왔다. 이에 따라 서예의 글씨체도 전서, 예서, 해서, 초서 등으로 나눌 수 있다.

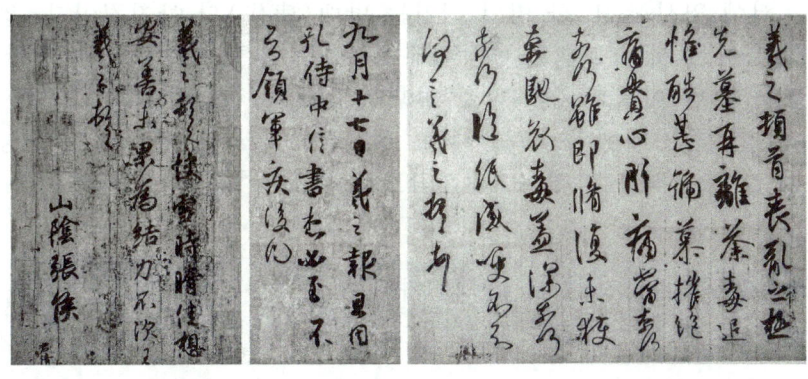

중국 문화사에서 붓의 발명은 서예가 발전하게 된 또 하나의 요인으로, 붓은 서예뿐만 아니라 중국 회화까지 독특한 아름다움의 세계로 이끌어 갔다. 붓은 토끼털, 양털, 이리털 등으로 만들었다. 붓이 지닌 부드러움과 탄력성을 이용하여 여러 가지 변화를 줄 수 있었기에 서예라는 예술이 탄생할 수 있었다.

서예는 한자의 기원만큼이나 오랜 역사를 가지고 있다. 역사적으로 무수한 이론과 그에 따른 유파를 형성해 오면서 전승과 창조를 반복해 오늘에 이르렀다. 그 역사 속에서 수많은 서예가가 있었는데 가장 위대한 서예가로는 왕희지(王羲之), 장욱(張旭), 안진경(顔眞卿) 등을 손꼽을 수 있다.

왕희지는 동진(東晉)의 서예가이다. 중국 역사상 첫째가는 서성(書聖)으로 존경받고 있다. 그는 해서, 행서, 초서의 각 서체를 완성함으로써 예술로서의 서예의 지위를 확립하였다. 오늘날 전해오는 필적만 봐도 그의 서풍(書風)은 우아하고 힘차며, 귀족적인 기품이 높다. 대표작으로는 행서의 표본으로 일컬어진 <난정집서(蘭亭集序)> 등이 있다.

장욱은 당나라 때 광초(狂草)로 명성을 떨친 서예가이며, 초성(草聖)으로 불렸다. 술을 몹시 좋아했고 취흥이 오르면 필묵을 잡았다. 때로는 머리채를 먹물에 적셔서 글씨를 쓰는 등의 취태(醉態)가 있어, 세상 사람들은 그를 '장전(張顚)'이라고도 불렀다. 장욱의 글씨는 얼핏 봐서 자유분방하게 느껴지는 심하게 흘려쓴 광초지만, 그 서체에서 왕희지 등 대가에게서 배운 그의 서법을 엿볼 수 있다. 대표작으로는 <고시사첩(古詩四帖)> 등이 있다.

서예 역사상 또 한 명의 대가는 당대(唐代)의 안진경이다. 왕희지의 우아한 서체에 대한 반동이라고 할 수 있을 만큼 남성적인 박력 속에 균일한 아름다움을 한껏 발휘한 글씨로, 당대 이후의 중국 서도(書道)를 지배했다. 그는 해서, 행서, 초서의 각 서체에 모두 능했으며 많은 걸작을 남겼다. 대표작으로는 <안가묘비(顔家廟碑)> 등이 있다.

안진경의 등장은 서예사를 가르는 중요한 사건으로, 서예가 개성을 갖고 순수한 예술로 나아가는 전환점이 된 것으로 평가받고 있다.

즉, 안진경 이전의 시기는 주로 서체의 변화가 서예계를 주도했다면 그 이후의 시기는 서체가 이미 고정된 상태에서 서예가들이 자신의 독창적인 풍격을 창조하는 데 몰두했던 시기였다.

중국 서론(書論)의 효시라고 할 수 있는 채옹(蔡邕)의 <구세(九勢)>에서 서예는 자연의 법칙에서 비롯되었다고 하였다. 자연의 법칙이 이미 존재함으로 음양이 생긴 것이고, 음양이 있음으로 그 형세가 나타난다고 하였다. 이는 자연의 외형만을 모방하는 것이 아니라 그 변화까지도 표현해 냈다는 의미이다. 즉, 서예는 점과 획의 동정(動靜), 강유(剛柔), 허실(虛實) 등의 상호 유기적인 관계와 변화까지 모두 표현해 낸다는 것을 말하고 있다.

서예는 또한 선으로 표현하는 예술이다. 서예의 흐름은 부드럽게 돌리는 태극권의 리듬같이 망망한 허공 중에 유동적인 선을 그려내는 것과 같다. 대서예가 장욱이 한 여자의 춤에서 서예의 도를 깨닫게 되었다는 설화가 전해지고 있는데 이는 서예와 춤이 공통 요소를 갖고 있음을 보여 준다.[1] 그것은 바로 일정한 형태가 없으면서도 모든 곳에 존재하는 기맥이라고 할 수 있는데, 특히 서예는 흐르듯이 움직이는 기맥을 그 영혼으로 삼고 있는 것이다.

서예는 예술 분야를 뛰어넘어 인격 도야의 수단으로까지 여기게 되었다. 그로 인해 서예는 글씨로 인격을 나타낸다는 철학적 함의를 내포하며, 역대로 지식인들이 학문을 닦는 데 빼놓을 수 없는 부분으로 자리잡았다. 이처럼 문화적 소양으로 높게 평가받던 서예는 현대에 들어서도 쇠퇴하지 않고, 중국의 문화예술에 중요한 역할을 담당하고 있다.

---

[1] 설화의 내용은 다음과 같다. 장욱이 글씨를 배우던 시절의 일이었다. 날마다 연습해도 글씨가 잘 늘지 않던 어느 날 장안(長安)의 길거리에 나간 장욱이 한 여자 무용수의 칼춤을 보게 되었다. 장검이 공중을 가를 때마다 여자의 아름다운 몸매와 의상이 따라서 움직였다. 장욱이 보기에 무용수의 몸과 장검 그리고 외부 세계가 하나로 합해져 있는 듯 보였다. 알고 보니 그 무용수는 장안에서 제일 유명했던 공손 여사였다. 춤에 빠져 취한 듯이 보고 있던 장욱은 마침내 그 춤에서 서예의 도를 깨닫게 되었다고 한다.

단어

광범위하다 广泛的	대변하다 代言; 代表
취흥 酒兴	자유분방하다 自由奔放的
박력 魄力	균일하다 均匀的; 匀称的
독창적 独创的	유동적 流动的; 灵活的
의경 意境	도야 陶冶; 熏陶

질문

1. 중국의 서예가 예술로 탄생할 수 있었던 이유를 이야기해 보자.

2. 좋아하는 서예가를 한 명을 뽑아서 그의 작품과 함께 소개해 보자.

3. 서예의 미학적 특징에 대하여 이야기해 보자.

더 생각해 보자

　　예술은 자연 속에서 이루어지는 가장 정신화된 최고의 창조이다. 실제로 보면 인류, 예술가의 정신이나 생명이 예술을 통해 밖으로 발현되는 것이며, 이를 자연의 물질 속으로 주입하여 물질을 정신화, 이상화하는 것이다.

　　여러분은 예술에 대해서 어떻게 생각하는지 자유롭게 말해 보자.

4. 경극

중국의 극예술은 중화문명만큼이나 긴 역사를 지니고 있다. 처음에는 서양의 극예술처럼 종교 의식과 관련되어 시작했지만 점차 종교 의식과 멀어지면서 오락과 예술을 추구하는 방향으로 발전해 왔다. 중국의 극예술은 경극을 비롯한 각종 전통극이 있지만, 중국을 대표하는 극예술이라고 하면 가장 먼저 떠오르는 것이 아무래도 경극일 것이다.

경극은 1790년 건륭제(乾隆帝)의 80세 생일 축하 잔치를 계기로 '후이반(徽班)'이라는 극단 삼경반(三慶班)이 베이징에서 공연하면서 대중에게 알려지게 되었다.[1] 당시 삼경반의 공연은 여러 지방의 음악 스타일을 흡수하고 곡목 또한 다양하여 관객들의 호평을 받아 유행하기 시작했다. 1830년 경에는 산시(陝西) 지방의 진강(秦腔)의 흐름을 이어받은 서피(西皮)라는 곡조와 합쳐지면서 경극으로 발전했고, 곤극(昆劇)을 대신해 극계를

[1] 삼경반은 상경하기 전에 주로 지양쑤(江蘇) 양저우(揚州)에서 활동하고 있었는데 삼경반의 주요 구성원들이 안후이(安徽) 사람이라 '후이반'이라 불렸던 것이다.

주도하게 되었다. 곤극을 좋아했던 상류 지식인들에게는 저속한 대중극이라고 멸시당하기도 했지만, 개혁을 거듭해 탄신페이(譚鑫培), 메이란팡(梅蘭芳) 등의 명배우들이 배출되면서 경극은 중국을 대표하는 극예술이 되었다.

경극은 무대를 통해 관객들에게 펼쳐 보이는 시적 이미지의 세계이고, 또한 여러 정경이 융합되어 있는 미적 세계이기도 하다. 이런 미적 세계의 중심은 배우라고 할 수 있다. 배우는 무대에서 경극의 시적 이미지 세계를 창조하는 주체이기 때문에 경극은 '배우의 예술'이라고도 한다.

경극 배우의 연기는 노래와 춤이 결합된 '창(唱)', '염(念)', '주(做)', '타(打)'를 기본으로 한다. 일정한 곡조에 따라 부르는 것을 '창'이라고 한다. 창은 경극의 가장 중요한 부분이기 때문에 경극을 창의 예술이라고도 한다. '염'은 인물들이 대사를 하는 부분으로 경극에서 서술적인 역할을 맡고 있다. 신체 동작을 통해 인물과 정경을 나타내는 것에 '주'와 '타'가 있는데, 주는 몸동작, 눈 연기, 독무, 군무 등이 포함되고, 타는 경기나 전투를 표현하기 위해 무술이나 서커스를 무용화한 부분이다.

경극을 감상한다는 것은 외국인들에게는 물론이고, 처음 경극을 접하게 되는 중국인들에게도 쉬운 일이 아니다. 경극을 제대로 감상하려면 경극의 내용부터 파악하는 것이 중요하다.

경극은 작품 수만 1,000편이 넘고 내용 또한 매우 다양하다. 물론 실제로 공연되는 작품은 400편 정도지만 그 정도도 상당한 수라고 할 수 있다. 경극에서 가장 많이 사용되는 제재는 전쟁이다. 예를 들어 <공성계(空城計)>, <무송타호(武松打虎)> 등은 <삼국연의(三國演義)>, <수호전(水滸傳)> 등의 전쟁 관련 제재로 만든 것이다. 그 외에 <팔선과해(八仙过海)>처럼 신화에서 제재를 취한 것도 있다. 또한 권력 투쟁을 반영한 <조씨고아(趙氏孤兒)> 같은 작품도 있고, 사랑 이야기를 다룬 <백사전(白蛇傳)>, <귀비취주(貴妃醉酒)> 같은 작품도 있다. 경극은 완성된 이야기 전부를 보여주는 경우도 있지만, 대부분의 경우는 긴 이야기 중에서 관객들이 가장 좋아하는 대목만을 잘라서 보여준다.

경극의 특징은 공식화와 상징성이라고 할 수 있다.

경극의 공식화는 우선 배역에 잘 나타나 있다. 경극의 배역은 인물의 나이와 성별, 성격에 따라 크게 4가지로 나뉜다. 남자 역은 '생(生)', 여자 역은 '단(旦)', 강한 성격을 지닌 조연은 '정(淨)', 어릿광대 같은 희극적 인물은 '축(丑)'이라고 부른다. 각 배역에 따라 그들만의 성격, 도덕적 품격과 연기 스타일 등이 모두 정해져 있다. 또한 배역의 신분과 성격에 따라 인물의 화장과 의상도 공식화되어 있기 때문에 인물이 무대에 등장하는 순간 관객은 그 인물의 신분과 성격 등을 한눈에 파악할 수 있다.

그리고 경극은 다른 연극 양식에 비해 얼굴 분장과 연기 동작, 무대 의상, 무대 도구들이 풍부한 상징성을 지니고 있다. 이러한 상징성은 관객과의 묵시적인 약속이라고 할 수 있다. 어느 정도 경극의 상징성을 파악하고 관람한다면 쉽게 극의 내용을 이해할 수 있을 것이다.

이어서 얼굴 분장과 연기 동작을 통해 경극의 상징성에 대해 더 구체적으로 설명하겠다.

경극에 있어서 얼굴 분장은 '검보(臉譜)'라고 하는데 검보에 사용되는 색이 등장인물의 신분과 성격을 나타낸다. 예를 들어 홍색은 그 인물의 충성스러움과 용감함을 나타내고, 흑색은 호탕한 성격을, 백색은 간악함을 나타낸다. 또 코 주위에 두부모처럼 흰 물감을 칠하면 보잘것없는 사람을 나타낸다. 얼굴 분장은 신분과 성격말고도 존경할 만하거나, 악질적이거나, 그리고 숭고함과 가소로운 등 도덕적 또는 심미적 평가 기준이 되기도 한다.

경극에서 얼굴 분장뿐만 아니라 연기 동작 또한 상징성을 지니고 있다. 경극에서는 간단한 소도구만 사용할 뿐 무대 장치나 소품은 거의 사용하지 않는다. 그래서 일상

생활의 모든 동작들을 무대 위에서 그대로 재현하는 것이 불가능하기 때문에 배우의 연기 동작 또한 상징화되어야 하는 것이다. 예를 들어 원을 그리며 걷는 것은 여행하는 것을 의미하고, 문의 빗장을 벗기고 지르는 동작은 집으로 들어가는 것을 나타낸다. 또한 소매로 얼굴을 가리는 것은 부끄러워함을 나타내고, 발을 구르고 가슴을 두드리는 것은 화가 난 것을 의미한다. 이처럼 배우의 몸짓과 행동이 의미하는 바를 알아두면 극을 더 쉽게 이해할 수 있을 것이다.

중국 극예술의 집대성으로 여겨지는 경극은 중국에서뿐만 아니라 세계적으로도 인정을 받고 있다. 2010년에 유네스코 인류무형문화유산 명록에 등재되면서 중국 정부는 경극을 육성하기 위해 꾸준히 노력해 오고 있다. 정부는 극단과 배우들에게 지원을 아끼지 않고, 해마다 국제 아마추어 경극 콩쿠르를 개최하여 세계 각지의 경극 애호가들의 이목을 끌고 있다.

단어

집대성 集大成	저속하다 低俗的
멸시당하다 被蔑视	정경 情景；场景
서술적 叙事性的	공식화 公式化；程式化
묵시적 暗示的；默认的	호탕하다 豪迈的
간악하다 奸恶的	악질적 恶劣的
가소롭다 可笑的	소품 道具
아마추어 业余（选手）	콩쿠르 汇演；竞赛

질문

1. 경극은 왜 배우의 예술이라고 하는가?

2. 경극에서 사용되는 제재는 주로 어디에서 나온 것인가?

3. 경극의 상징성에 대하여 이야기해 보자.

더 생각해 보자

경극의 상징성은 배우의 의상에도 잘 나타나 있다. 배역에 따라 그 역할에 맞는 의상의 양식이 다르다. 아래 의상 양식에 대한 묘사를 근거로 해서 이에 해당하는 인물을 생각해 보자.

① 긴 수염을 붙였다.
② 관을 쓰고 허리에 옥대를 두르고 있다.
③ 무장을 하고 어깨에 작은 기를 꽂고 있다.
④ 기다란 소매가 달린 옷을 입고 가늘고 긴 기를 들었다.
⑤ 팔괘(八卦)의 무늬를 금색으로 칠한 긴 옷을 입었다.

제 3 장
중국의 고대 문학

　세계에서 가장 오래된 문학 중 하나인 중국 고대 문학은 무려 3천여 년 동안 끊임없이 발전했다. 그 찬란한 성과는 전 인류 문화유산의 소중한 보물이 되었다. 전통문화에서 극히 중요한 중국의 고대 문학은 중국 문화의 기본 정신을 깊이 있고 생생하게 표현하고 있다. <시경(詩經)>, <초사(楚辭)>, 선진(先秦)의 산문(散文), 한부(漢賦)로부터 당시(唐詩), 송사(宋詞), 원잡극(元雜劇), 명청(明淸)의 소설에 이르기까지 수천 년 중국 문화의 발전사를 구성하고 있다. 그 중에서 당시, 송사, 원잡극, 명청 소설은 이러한 각 시대의 예술적 상징이 되었다. 또한 후대 작가들의 예술적 본보기가 되었으며, 후대 독자들의 미적 탐색 대상이 되었다.

1. 당시 (唐詩)

당대(唐代)의 역사는 중국 고대의 가장 찬란하고 눈부신 한 장(章)을 열었다. 장기적으로 안정된 사회, 번영한 경제는 문화의 발전을 위한 기반이 되었고, 당나라 문화 예술의 전반적인 번영을 이끌었다. 또한 시문(詩文)을 시험하여 관리를 채용하는 과거제도가 널리 시행되면서 전 사회에 시가(詩歌)를 숭상하는 분위기가 조성되었다. 제왕과 높은 관리부터 일반 백성에 이르기까지 시가를 지을 수 있는 것을 명예로 삼지 않는 이가 없었다. 그로 인해 당대의 시가는 전례 없는 번영을 누렸다. 청대에 편찬한 <전당시(全唐詩)>에는 무려 2천3백여 명의 시인이 지은 5만 편에 가까운 시가가 수록되어 있다. 이것은 그 당시 시를 쓰는 것이 얼마나 보편적이었는지를 보여주고 있다.

당나라 300년을 일반적으로 초당(初唐), 성당(盛唐), 중당(中唐), 만당(晩唐) 네 개의 시기로 구분하는데, 이러한 시기마다 그에 조응해 문학 장르가 변화하기도 하고, 새로운 문풍이 탄생하기도 했다. 시문학에 있어서 초당은 시의 형식을 정비했고, 성당은 시의 내용이 최고의 경지에 이르렀다는 점에서 각기 중요한 의미를 지닌다.

초당 시기에 등장한 왕발(王勃), 양형(楊炯), 노조린(盧照隣), 낙빈왕(駱賓王) 등 이른바 '초당사걸(初唐四杰)'은 육조시대의 시풍을 계승 발전하면서도 소재의 범위를 넓히고 화려함과 소박함을 조화시킨 새로운 시풍을 이끌어냄으로써 당시의 독특한 분위기를 구축했었다.

초당에서 성당으로 넘어가는 문학 발전사의 길목에서 선대의 문학을 계승 발전시키는 데 중요한 공헌을 한 시인으로 진자앙(陳子昻)을 빼놓을 수 없다. 그는 초당 시기 문단에 만연하고 있던 형식주의 문풍에 불만을 느끼고, 문학 작품에 사상과 풍격을 내재해야 한다고 주창했다. 이는 화려하고 장식적인 수사에서 벗어나 성당 시문의 호방하고 힘있는 기풍을 형성하는 데 중대한 영향을 끼쳤다.

성당 시기에 이르자 국력이 강대해졌고, 사회가 안정되자 문인들은 각자 원하는 다양한 방법으로 인생의 목표를 실현할 수 있게 되었다. 어떤 이는 산속에 은거하며 조용하고 고요하게 살기를 원했고, 어떤 이는 군을 따라 나라에 충성하며 출세하는 꿈을 품기도 했다. 이러한 삶의 태도가 성당 시기 시 소재의 기초적인 방향이 되었다. 그로부터 왕유(王維), 맹호연(孟浩然)을 시초로 하는 산수전원파(山水田園派)와 고적(高適), 잠삼(岑參)을 시초로 하는 변새파(邊塞派)가 등장하였다. 산수전원파의 작품은 대부분 참신하고 수려한 언어로 아름다운 산수풍경과 고요한 전원생활을 묘사하며 속세로부터 멀리 떨어진 시인이 자연을 흠모하는 마음을 표현했다. 반면에, 변새파의 시가는 주로 변방 요새 특유의 풍경을 배경으로 변방을 지키는 전사의 전투적인 생활과 조국을 수호하며 공을 세우는 삶의 이상, 그리고 정치적 포부 등을 표현했다.

이 시기에는 당시를 최고의 경지로 끌어올린 이백(李白)과 두보(杜甫)가 등장했다. 성당 시기의 대표 시인일 뿐만 아니라 중국 시 예술의 최고봉이라 할 수 있는 이 두 사람은 세간에서는 '이두(李杜)'라고 병칭했다.

이백은 일생 동안 1,100여 수의 시를 남겼다. 특히 고시(古詩)와 절구(絶句)에 능했으며, 절구는 신품(神品)으로 극찬을 받았다. 그의 시는 스케일이 크고 박진감이 있으며, 때로는 환상적인 분위기를 자아낸다. 또한 그는 문풍이 매우 자유분방하여 생각나는 대로 휘갈겨 쓰는 천재형 시인이었다. 낭만주의 시가의 최고 경지에 이르렀으며 시선(詩仙)으로 추앙받았다.

이백과 더불어 유명한 시인 두보는 일생 동안 1,500여 수의 시를 지었다. 두보는 '안사의 난(安史之亂)'을 겪으며 성대했던 당나라가 쇠락하는 과정을 직접 목도했다. 그의 시는 안사의 난 이후 20여 년간의 당대 사회의 전모를 반영하고 있기 때문에 '시사(詩史)'로 불린다. 두보는 뛰어난 통찰력과 현실 참여 정신으로 시에 전면적인 현실 생활을 깊이 있게 그려냈으며, 인간 고통의 깊은 체험과 동정을 표현했다. 경쾌한 느낌의 이백의 시에 비해 두보의 시는 '우울한 아름다움'이 묻어 있는데, 인간 세상의 무상함에 대한 깊은 체험으로부터 발현된 일종의 인생의 비애감과 역사의 아득함이 담겨 있다. 이러한 두보는 사람들에게 '시성(詩聖)'으로 불리고 있다.

중당에 들어서자 사회적 모순이 더 복잡하고 예민해졌다. 이 시기에는 완전히 달라진 새로운 시풍의 '신악부(新樂府)' 시인들이 등장했는데 가장 대표적인 시인은 백거이(白居易)였다. 그는 "문학의 사회적 작용을 중시해야 하며, 문학 자체를 위한 문학이 아니라 현실 변화를 위한 문학이어야 한다"라고 지적했던 바와 같이 사회의 현실을 깊이 반영하는 시를 지어 그 당시 문단에 큰 파장을 일으켰다.

만당에 이르러 시 예술 역시 쇠락의 길로 접어들었다. 이 시기 가장 뛰어난 시인으로는 두목(杜牧)과 이상은(李商隱)을 들 수 있는데, 성당의 이백과 두보에 견주어 이들을 '소이두(小李杜)'라 불렀다. 이상은의 시는 함축적이고 깊은 감성으로 유명하고, 두목의 시는 부드럽고 아름다우며 깊은 의미를 담고 있다. 만당 시기에는 명작이 드물 뿐만 아니라 당시에 유행하기 시작한 사(詞) 창작에 밀려 그다지 주목받지 못한 채 쇠락의 길로 접어들고 말았다.

단어

숭상하다 崇尚	형식주의 形式主义
수려하다 清新秀丽的	흠모하다 钦慕
포부 抱负	병칭하다 合称
쇠락하다 衰落	통찰력 观察力
비애감 哀伤感	함축적 含蓄的

질문

1. 당(唐)대 시가의 번영을 이끌었던 원인에 대해 이야기해 보자.

2. 당(唐)대 각 시기별로 시가의특징을 이야기해 보자.

3. 산수전원파와 변새파는 각각 어떤 장르를 다루고 있는가?

더 생각해 보자

＂이백과 두보의 시는 풍격 면에서 어떻게 다른가? 다음 글을 읽고 자신의 생각을 자유롭게 이야기해 보자.

비슷한 시기에 활동했고 또 직접 만나 시를 주고받으며 교류했던 이백과 두보의 시 풍격 면에서는 매우 대조적인 경향을 보인다. 창작 스타일 면에서 이백은 일필휘지로 단숨에 시를 완성했던 반면, 두보는 한 자 한 자를 조탁하여 경구(驚句)를 만들어내고자 고심하였다. 또한 영원한 자유를 꿈꿨던 이백과 비교할 때 두보는 보다 현실에 충실하고자 노력했던 시인이다.

—〈동양의 고전을 읽는다〉정장식 외

2. 송사 (宋詞)

사(詞)는 고전 시가의 일종이다. 사의 명칭은 여러 가지인데, 음악과 더불어 노래로 부르는 경우에는 '곡자사(曲子詞)', 길이가 일정치 않은 경우에는 '장단구(長短句)'로 불린다. 이러한 명칭은 사와 음악의 밀접한 관계를 설명하는 동시에, 전통 시와 형식이 다름을 시사한다. 사에는 많은 조명(調名, 사의 제목)이 있는데 이를 '사패(詞牌)'라고 한다. 예를 들어 <강월(江月)>, <만강홍(滿江紅)>, <몽령(夢令)> 등이 있다. 사는 송대에 이르러 크게 꽃을 피웠다. 송사는 당시와 함께 중국 문학의 쌍벽으로 불린다.

송사는 여러 유파에서 많은 대가를 배출했는데, 후대 사람들은 일반적으로 송사를 크게 완약파(婉約派)와 호방파(豪放派)로 나눈다. 완약은 완곡하고 함축적인 것을 의미하며, 대부분 남녀 간의 사랑과 이별의 감정을 담고 있다. 후기에는 그 내용이 확장되기는 했지만, 여전히 '유유자적한 감정(閑情)'을 위주로 한 남녀의 사랑을 표현하는 데 치중했다.

송사의 이러한 특징은 시대적 환경과 무관하지 않다. 송대에는 통치자들이 사대부 관료를 우대하는 정책을 펼쳤다. 또한 사회의 경제 발전과 도시의 큰 번영으로 인해 사대부의 유흥, 가무 연회를 위한 풍족한 물질적 환경이 제공되었다. 앞에서 서술한 특징의 사는 이러한 사회적 분위기에서 장족의 발전을 거듭할 수 있었던 것이었다.

북송의 사단(詞壇)은 거의 완약사(婉約詞)의 통일천하였다. 물론 소재나 풍격 등의 경향이 사인(詞人)에 따라 달랐다. 안수(晏殊)나 구양수(歐陽修)처럼 사대부의 품위 있는 삶을 반영하기도 하고, 유영(柳永)처럼 시민 계층의 취향에 더 부합하여 기생집의 기생을 주요 묘사 대상으로 삼기도 했다. 남북송(南北宋)의 교차 지점에 있던 여성 사인 이청조(李淸照)는 참신하고 정교하며 진심을 가득 담아 독자적인 유파를 형성하기도 했다.

호방파는 완약파보다 상대적으로 많이 늦게 대두되었다. 소식(蘇軾)은 우선 사의 풍격을 혁신하였다. 남녀 간의 사랑을 위주로 한 소재의 영역을 타파하기 위해 사랑과 이별 등 전통적인 소재의 사뿐만 아니라 조국 보은의 장엄한 뜻이나 역사를 회고하는 내용의 사도 많이 지었다. 이로 인해 사의 경계를 확장하였으며 사회생활을 반영하는 사의 기능을 강화했다. 그는 중추절에 가족을 그리는 사나, 역사적인 인물을 추모하는 사를 쓰기도 했는데, 이전에는 잘 볼 수 없었던 내용이었다. 또 다른 한편으로 그는 부드러운 소리와 느린 리듬 위주였던 전통 사악(詞樂)에 의기양양하고 웅장한 요소를 첨가했으며, 언어 스타일에서도 호탕하고 뛰어난 특징을 드러냈다.

신기질(辛棄疾)을 필두로 한 애국 사인들은 소식 사의 호탕한 스타일을 계승하여, 애국주의적 주제를 당시 사단의 주요 사상으로 바꿔놓았다. 신기질의 사는 대개 호탕하고 영웅적인 기개가 흘러넘쳤다. 그는 호탕하고 씩씩한 군 생활을 묘사했으며, 금(金)에 대항하는 굳은 결심과 격앙된 애국심을 토로하기도 했다. 신기질의 사는 대대적으로 송사의 사상과 예술 스타일을 확장하였고, 호방사를 완약사와 쌍벽을 이루는 주류파의 대열에 올려놓았다. 이러한 상황은 송 말기까지 이어졌고, 원, 명, 청대 사단의 기본 구조가 되었다.

송대 이후, 중국 고대 시가는 때때로 그럴듯한 작품이 나오기는 했지만, 전체적으로는 쇠락의 길을 걸었고 희곡과 소설에 그 자리를 내어주고 말았다.

단어

우대하다 优待
풍족하다 富足的
회고하다 回顾；怀古
격앙되다 激昂

유흥 游兴；闲情逸致
타파하다 打破；破除
의기양양하다 意气昂然的
토로하다 吐露；倾吐

질문

1. 송사는 시가의 일종으로서 당시와 어떻게 다른가?

2. 완약파와 호방파 각각의 풍격에 대해 설명해 보자.

3. 소식은 사의 경계를 어떻게 확장했는가? 예로 들어 설명해 보자.

더 생각해 보자

국학의 대가인 임어당(林語堂)은 자신의 저서 〈소동파전(蘇東坡傳)〉 서문에서 해외로 떠나기 전 소동파가 자신과 동행해 주기를 바랐기 때문에 그의 짐 가운데 상당 부분을 소동파 관련 서적으로 채웠으며, 그의 작품이 책꽂이에 진열돼 있으면, 정신적 양식(食糧)이 풍부하게 느껴진다고 말했다.

만약 여러분이 곧 해외로 유학을 간다고 가정한다면, 여러분은 누구의 작품을 가지고 갈 것인가? 중국 고대 문인 중 누가 여러분의 정신적 양식인가? 자신의 생각을 자유롭게 이야기해 보자.

3. 원잡극 (元雜劇)

원나라 소수민족이 중원을 통치하면서 경제 문화의 퇴행을 초래했지만, 오히려 문인 사대부 계층과 민간의 문학이 결합하는 환경을 조성하였다. 그것의 성과가 바로 실생활을 반영하고 내용이 풍성하기로 유명한 원잡극이다. 원잡극은 원나라 문학의 정수로 예로부터 당시, 송사와 함께 어깨를 나란히 하였다.

원잡극은 노래와 춤, 대사 그리고 곡예 등 다양한 예술 장르가 한데 어우러진 종합 예술로 중국의 독특한 희곡 형식이다. 서정(抒情) 위주의 시가나 산문과는 달리, 원잡극은 서사(敍事) 위주이다. 극본은 보통 노래 가사와 대사, 동작 세 부분으로 구성되고, 일반적으로 네 개의 절로 나뉜다. 매 절마다 시공간적 배경은 바뀌지만 치밀한 상황 전개로 하나의 완전한 이야기를 표현한다.

원잡극은 원나라 시기에 성행하여, 100년도 안 되는 기간 동안 이름을 떨친 극작가가 200여 명이고, 기록된 연극만 해도 700여 종에 달한다. 후세에 '원곡사대가(元曲四大家)'로 불린 관한경(關漢卿), 마치원(馬致遠), 백박(白朴), 정광조(鄭光祖) 등의 유명한 극작가들을 배출했다.

원잡극은 사회생활을 넓게 반영하여 그 내용이 매우 풍부하다. 주요 소재로는 네 가지 종류가 있다.

첫 번째는 애정극으로, 젊은 남녀의 사랑과 결혼에 대한 자주적인 추구를 묘사했고, 봉건 제도와 봉건 도덕규범에 반대하는 경향을 뚜렷하게 드러냈다. 대표적인 작품으로 왕실보(王實甫)의 <서상기(西廂記)>가 있다.

두 번째는 재판극으로, 주로 형사 사건의 심판을 통해 뇌물을 받고 법을 어기며, 사람 목숨을 풀처럼 여기는 등의 죄악을 일삼는 탐관오리의 실상을 폭로했다. 또한 민중이 굴복하지 않고 투쟁하는 것을 칭송함과 동시에, 공정하고 청렴결백한 관리를 칭찬했다. 예를 들면 관한경의 <두아원(竇娥寃)>과 포청천(包靑天)을 주인공으로 한 희극작품 등이 그 대표작이다.

세 번째는 사회극으로, 사회의 각종 추악한 현상들을 폭로하는 내용이 주를 이루었다. 비판의 화살은 주로 부녀자에게 악행을 일삼는 통치계급과 구두쇠, 방탕아 그리고 군자인 척하는 위선자에게 집중되었다. 대표작으로 관한경의 <구풍진(救風塵)>이 있다.

마지막 네 번째로는 역사극이다. 주로 역사적으로 중대한 정쟁이나 민족 투쟁을 그려냈고, 충신이나 민족 영웅을 칭송하고 간신과 이민족 침략자, 매국노를 규탄했다. 이러한 연극들은 보통 과거의 이야기를 비판하는 척하면서 현재를 풍자하는 숨은 뜻을 담고 있으며, 그 당시 사람들의 정치와 도덕관념을 돌려서 표현해냈다. 기군상(紀君祥)의 <조씨고아(趙氏孤兒)>와 마치원의 <한궁추(漢宮秋)>가 그 대표작이다.

원잡극의 등장은 중국 문학사를 가르는 중요한 사건이었다. 원잡극 이전의 문단에서는 서정적인 시가와 산문이 지배적 위치를 차지했으나, 사회 현실을 반영하고 일반인의 희로애락을 더 직접적으로 표현한다는 원잡극은 문학을 일반 백성의 생활에 더욱 밀접해지도록 했다. 또한 원잡극의 성공은 연극, 소설 등의 서사 문학이 중국 문학의 주류가 될 것을 선포하는 것이기도 했다.

단어

퇴행 倒退	자주적 自主的
탐관오리 贪官污吏	청렴결백하다 清正廉洁的
구두쇠 守财奴	방탕아 败家子
위선자 伪君子	매국노 卖国贼
규탄하다 谴责	서정적 抒情的

질문

1. 원잡극은 왜 종합예술이라고 하는가?

2. 원잡극의 주요 소재는 무엇인가?

3. 왜 원잡극이 중국 문학사에서 시대를 구분하는 역할을 했다고 했는가?

더 생각해 보자

　　중국 고대의 연극 문학은 현실주의 소재를 낭만적이고 이상적인 방식으로 다룬다는 것이 특징 중의 하나이다. 어떤 사람들은 이러한 방식은 늘 해피 엔딩으로 결말이나 스토리가 진부하여, 극본의 사상적 의미를 크게 약화시키므로 예술적 병폐라고 지적했다. 예를 들어, 가장 유명한 두 편의 멜로 작품인 <서상기(西廂記)>와 <모란정(牡丹亭)>은 모두 남녀 주인공의 사랑이 결실을 이루고, 정의의 인물들은 결국엔 투쟁에서 승리를 거두는 식의 결말이다. 이는 분명 사회 현실을 그대로 반영한 것이 아닌, 사람들의 염원에 대한 예술적 접근이다.

　　여러분은 연극에서 이와 같이 해피 엔딩으로 결말이 나는 것에 대해 어떻게 생각하는지 말해 보자.

4. 명청(明清)소설

중국 소설의 시초는 고대의 신화와 전설, 우화로 거슬러 올라갈 수 있다. 하지만 진정한 문학 창작은 위진남북조 시대에 시작됐다. 그 당시의 소설들은 대부분 짤막한 편폭으로 주로 귀신, 도깨비, 사후 세계 등의 기괴한 이야기를 담은 지괴(志怪)와 당시 인물들의 인품을 드러내는 일화를 담은 지인(志人)으로 나뉘었다.

당대(唐代)에 이르러서는 전기(傳奇) 소설을 짓기 시작했고, 작가들이 의식적으로 허구적인 작품을 만들기 시작했다. 전기라는 말을 풀이하면 '기이한 이야기를 전한다' 라는 뜻으로, 초기에는 귀신이나 여인으로 둔갑한 여우, 용왕의 딸 등 기이한 소재가 위주였지만, 후기로 갈수록 점차 연애 소설, 협객 소설 등이 등장했다. 지괴에 비하면 전기소설은 편폭도 꽤 길어지고, 이야기 구조도 제법 치밀해졌었다.

송대에 이르자 문인들의 창작과 달리 직업적 이야기꾼이 저작거리에서 설화한 내용을 기록해 둔 대본이 출현했다. 이를 '이야기 대본'의 뜻으로 '화본소설(話本小說)' 이라 했다. 대체로 송대와 원대에 유행했기 때문에 이를 일컬어 '송원화본' 이라고도 부른다. 이들은 대부분 구술을 전제로 하고 있어, 대화체의 백화문이 주를 이루기 때문에 백화소설의 원류로 여겨지기도 한다.

명청 시대에 이르러 중국 고전 소설의 발전은 성숙 단계에 접어들었다. 이때 우수한 장편 장회소설(章回小說)이 다량으로 쏟아져 나와 고전 소설이 절정에 달했음을 보여준다.[1] 명청 시대의 장편 소설을 소재와 내용, 창작 방법으로 구분하면 네 가지 장르로 나눌 수 있다. 역사적 사실을 소재로 한 역사연의(歷史演義)와 주인공의 영웅적인 일생을 그린 영웅 전기(英雄傳奇), 환상적인 공간에서 요마와 인간의 이야기를 담은 신마 소설(神魔小說), 그리고 세상사를 그려내는 세정 소설(世情小說)이다. 이 중 가장 유명한 소설은 '중국 고전

---

[1] 장회소설은 중국의 고전 장편소설을 지칭하는 용어로, 한 작품이 일정 수의 단락으로 나뉘는 체재를 가졌기 때문에 비롯된 명칭이다. 명대 이후 중국의 고전 장편소설은 보편적으로 장회소설의 형식을 채용하였다.

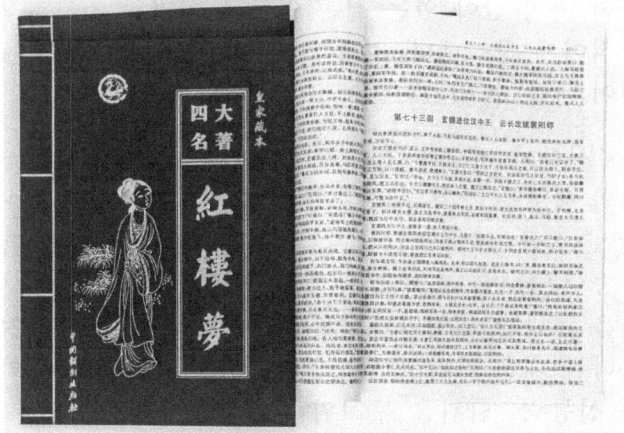

의 4대 명작'으로 불리는 <삼국연의(三國演義)>, <수호전(水滸傳)>, <서유기(西遊記)> 그리고 <홍루몽(紅樓夢)>이다.

명나라 초기에 완성된 <삼국연의>(작가 나관중)는 장회소설의 원조가 되는 작품이다. 위(魏), 촉(蜀), 오(吳) 삼국 분쟁의 역사 이야기는 송대 이전에 이미 민간에서 널리 유행하고 있었으며, 삼국의 이야기를 담은 화본도 이미 원대부터 초보적 틀이 갖춰져 있었다. 나관중은 정사(正史)의 기록을 주요 근거로 삼았으며, 역대 민간 전설과 송, 원 이래에 줄곧 계속되어 온 민간의 통속문학을 폭넓게 받아들였다. 또한 자신만의 독창적인 상상력을 보태어 중국 고대 역사를 제재로 삼은 작품 중 최고 경지인 <삼국연의>을 탄생시켰다.

<수호전>(작가 시내암)은 명나라 초기에 완성된 영웅 전기 소설이다. 이 소설은 북송 말기 사회를 배경으로 하여 통치자의 착취와 억압을 견디다 못해 출신이 다른 108명의 영웅이 들고일어나 대항하는 이야기이다. 108명 영웅을 이끌고 민란을 일으켰던 송강(宋江)이라는 사람은 실존 인물이라 이 소설 역시 역사적 사실에 근거를 두어 소재를 취했었다. 그러나 단순한 역사소설에 그치는 것이 아니라, 작가는 대담한 상상과 허구를 가미해 영웅

들이 마치 살아 있는 실존 인물로 여겨질 정도로 사실적이면서도 역동적이게 창작했다. 이후, <수호전>의 영향을 받아 수많은 영웅 소설이 나올 수 있었다.

<서유기>(작가 오승은)는 명대에 나온 신마 소설로 고대 장편소설의 새로운 경지를 보여 주었다. 이 소설은 하늘 세계를 시끄럽게 하던 손오공(孫悟空)이 저팔계(猪八戒), 사오정(沙悟淨) 등과 함께 당승(唐僧)을 모시고 불경을 구하러 가는 과정에서 만난 81개의 난관을 하나씩 헤쳐나가, 마침내 인도에 도착해 불경을 입수하고 돌아온다는 내용을 담고 있다. 주제는 마귀를 굴복시키고 요괴를 제거하는 신통력, 난관을 두려워하지 않는 손오공의 재치와 용기, 그리고 용맹스러운 투쟁 정신 등이다. 이 소설의 가장 큰 특징은 바로 마귀와 환상의 세계를 통해 인간 사회의 여러 모습을 빗대어 보여주고 있다는 점이다. 주인공인 손오공은 중국 신마 소설의 인물 형상 중에서 가장 예술적 매력을 지닌 캐릭터로 평가되고 있다.

<홍루몽>은 중국 고전 소설의 최고봉이자 세계문학에서도 빛나는 걸작이다. 작가 조설근(曹雪芹)은 귀족 가문 출신으로, 어린 시절 한동안 부유하고 호화로운 삶을 살았지만 후에 가세가 쇠락해져 극빈층으로 몰락했다. 그가 이런 상황에서 만든 작품이 바로 <홍루몽>이다. 사랑 이야기를 중심 줄거리로 하고 있는 이 소설은, 부유한 가문의 가(賈)씨 집안이 대대로 번성하다가 쇠락에 이르는 과정에서 가보옥(賈寶玉)과 홍루(紅樓) 여자들 등 수많은 인물의 비극적 운명에 대해 쓰고 있다. 소설은 필연적으로 몰락의 길을 걸을 수밖에 없는 봉건 사회의 역사적 운명을 보여주고 있다. 비록 숙명의 아픔과 비애가 시종일관 소설 속에 감돌고 있지만, 처음부터 끝까지 아름다운 이상을 좇는 것을 포기하지 않는다. 악을 버리고 선을 따르도록 인간의 본성을 이끌고, 완벽을 추구한다는 의미에서 <홍루몽>은 불후의 가치가 있다.

단어

허구적 虚构的	협객소설 武侠小说
원류 源流	용맹스럽다 勇猛的
빗대다 隐射	극빈층 赤贫阶层
통속문학 通俗文学	착취 压榨; 剥削
민란 民乱; 农民起义	역동적 充满活力的
필연적 必然的	시종일관 自始至终
불후(의) 不朽(的)	

질문

1. 화본 소설은 무엇인가? 왜 화본 소설이 백화 소설의 원류로 여겨지는가?

2. 명청 시대의 장편 소설은 주로 어떤 장르가 있는가?

3. '중국 고전의 4대 명작'을 각각 어떤 내용인지, 그들의 예술적 혹은 문화적 가치가 무엇인지 간단히 소개해 보자.

더 생각해 보자

    중국의 4대 명작이 공통적으로 예술적 가치를 지닌 부분 중 하나는 인물 이미지 창조에 있다고 말할 수 있다. 명말 청초의 소설 평론가 김성탄(金聖嘆)은 "<수호전>에 나오는 108명의 영웅 모두 자신만의 성격과 기질, 형상, 그리고 의견을 가지고 있다"라고 하며, 이 소설은 "사람을 감동시키며, 백 번을 거듭해 읽어도 싫증이 나지 않는다"라고 분석했다.

    여러 분은 중국 소설 중 가장 좋아하는 인물이 누구인지 그리고 이유를 함께 소개해 보자.

제 4 장
중국의 언어와 문자

　언어와 문자는 인류 문화의 매개체이자 주요 구성 요소이다. 중국의 언어와 문자 역시 중국 문화와 밀접하게 연관되어 중국 문화의 전승과 발전, 전파에 지대한 공헌을 했다.

　유구한 역사를 지닌 중국어는 중국의 한(漢)족이 사용하는 언어로 이미 3천여 년 전에 수준이 상당히 높은 문자가 존재했다. 중국인들은 한자를 통하여 찬란한 문화를 창조해 왔고 독특한 문학, 예술 작품을 발전시켜 왔으며, 풍부한 문헌 기록 등을 남겼다. 따라서 중국 문화를 폭넓게 이해하고 싶다면 반드시 한자의 역사와 특징 그리고 그 문화적 기능을 알아야 한다.

1. 중국어·보통화·방언

중국어는 중국 한(漢)족의 공통어이자 세계에서 사용 인구가 가장 많은 언어이다. 중국 외에도 싱가포르, 말레이시아 등의 나라에서 중국어 사용자가 있고, 세계 각지에 분포된 수천만의 화교(華僑)와 그 자녀들 역시 중국어를 모국어로 사용하고 있다. 유엔의 6개 공식 언어 중에도 영어, 프랑스어, 스페인어, 러시아어, 아랍어와 함께 중국어가 속해 있다.

중국어의 표준어는 '보통화(普通話)'라고 한다. 보통화는 현대 한족의 표준어로 베이징 어음을 표준음으로 하고 북방 방언을 기본 방언으로 하며, 모범적인 현대 백화문(白話文) 저작을 문법의 규범으로 삼고 있다. 보통화의 사용으로 중국 여러 지역의 교류나 여러 민족 간의 교류가 편리해졌다.

중국어 공통어의 형성은 오랜 세월을 거쳤다. 중국어의 공통어는 북방 방언을 기초로 하였다. 공통어의 문어는 근대 이전까지 줄곧 선진(先秦)의 작품을 규범으로 삼고 있는데 이는 이후의 문어에 강력한 영향을 남겼다. 그러나 한나라 때부터 이러한 문어는 점차 구어와 괴리되기 시작하여, 당나라 때에 이르러 입말로 사용된다는 것을 거의 고려하지 않은 순수한 의미로서의 문어(文言文)가 되었다. 이후 대중의 입말을 토대로 새로운 문어가 등장했는데 이를 백화문이라 했다. 백화문은 생동감을 전달해야 하는 대중 문학작품에 주로 쓰였으며, 현대 중국어 공통어의 문어의 원류였다.

백화문학이 유행하면서 베이징어를 대표로 하는 관화(官話)도 널리 퍼지기 시작했다. 그로 인해 중세 이후 중국에서 널리 쓰이던 중국어 방언인 관화 백화문 기록이 많이 남아있다.

근대에 들어 쓰는 것과 말하는 것을 같게 하자는 언문일치(言文一致) 운동이 일어나면서 공식적인 기록도 문언문 대신 상대적으로 쉽고도 가장 널리 쓰이던 베이징어 백화문에 기초하여 쓰기 시작했다. 그리고 이것이 다듬어지면서 문어로서의 표준 중국어가 되었다.

중국어는 다양한 방언이 존재하는 언어로도 알려져 있다. 중국어의 방언은 유형학적 특징(그중에도 특히 음성적 특징)과 사용자의 분포, 방언의 형성 과정 등 기준으로 7대 방언으로 나눌 수 있는데, 북방 방언, 오(吳)방언, 상(湘)방언, 감(贛)방언, 객가(客家)방언, 민(閩)방언, 월(粤)방언이 그것이다. 그중 북방 방언이 통용되는 지역이 가장 넓고 사용하는 인구도 가장 많다. 객가 방언, 민방언, 월방언은 해외 화교들 사이에서 아직도 사용되고 있다.

중국어는 다양한 방언이 존재하므로 같은 중국 사람들끼리도 외국어처럼 서로 말이 통하지 않는 경우가 많다. 특히 북방 방언과 남방 방언은 차이가 매우 커서 서로 의사소통이 전혀 불가능하다. 동남 연해 지역에는 '십 리만 넘으면 발음이 다르다(十里不同音)'라는 말이 있을 정도로 비록 같은 방언권에 속해 있더라도 발음의 차이가 뚜렷하다.

이처럼 중국어 방언들 간의 차이가 심하지만 공통된 한자 표기를 가지며, 같은 정치 체제와 민족 문화를 공유해 왔기 때문에 하나의 언어로 간주된다.

단어

모국어 母语	모범적 典范的
괴리되다 脱离；背离	다듬어지다 整理
의사소통 沟通；交流	유형학적 类型学的
음성적 语音的	통용되다 通用

질문

1. 중국어 공통어의 형성 과정을 간략히 소개해 보자.

2. 중국어의 7대 방언의 분포 특징에 대해 조사하여 소개해 보자.

3. 외국어처럼 서로 통하지 않을 만큼 차이가 심한 중국어의 방언들은 왜 별개의 언어가 아닌 하나의 언어로 간주되는가?

더 생각해 보자

　　중국 정부는 전 국민의 원활한 소통을 위해서 보통화를 매우 강하게 보급했다. 그 결과 시골 지역까지 전 국민이 보통화를 습득하고 일상적으로 이용하게 되었다. 그러나 이로 인해 방언은 빠르게 그 설 자리를 잃어버리고 소멸 위기에 들어서 문화적으로 큰 손실을 초래했다는 부작용도 남겼다. 때문에 최근 들어서는 방언을 보존하려는 움직임이 종종 보이고 있다.

　　여러분은 보통화의 보급과 방언의 보존에 대해 어떻게 생각하는지 이야기해 보자.

2. 한자의 기원과 변천

중국인들의 문자생활은 매우 일찍이 시작되었다. 기원전 1600년 경, 상(商)나라 시절에 이미 문자 체계가 제대로 갖추어졌으니 한자가 세계 문명사에 가장 오래된 문자라고 해도 과언이 아니다. 수메르인과 바빌로니아인들이 사용했던 쐐기 문자와 이집트의 상형 문자, 그리고 한자를 3대 세계 고대 문자로 보는데, 그중에서 유독 한자만이 지금까지 사용되고 있다. 한자는 중국어를 기록하는 부호체계일 뿐만 아니라 사상을 교류하는 도구로써 중국 문명의 발전과 궤를 같이 해왔다.

그러나 한자는 처음부터 지금과 같은 모양의 문자를 가지고 있었던 것은 아니다. 한자가 지금의 모양으로 발달하기까지는 오랜 시일과 점진적인 변천 과정을 거친 것으로 알려져 있다. 오늘날 우리가 만날 수 있는 가장 이른 한자는 상나라의 갑골문이다. 갑골문은 거북의 배딱지와 동물의 뼈에 쓰인 문자로 대다수 점술에 관한 내용을 기록한 것이다. 갑골문은 일반적으로 칼로 새겨졌기 때문에 선이 가늘면서 날카롭고 네모진 것이 많다. 당시의 문자는 회화 문자로부터 발전되었기 때문에 상형의 정도가 매우 높았다.

상주(商周) 시대에 이르러 금문(金文)이 출현했다. 금문은 청동기에 새겨진 문자이지만 옛사람들이 동(銅)을 금(金)이라 불렀기 때문에 이를 금문이라고 불렀다. 또 청동기 중에서 종정(鐘鼎)에 새겨진 글자 수가 가장 많기 때문에 과거에는 '종정문(鐘鼎文)'이라고 부르기도 했다. 상나라 금문의 글씨체는 갑골문과 비슷하고, 내용은 특정 사건이나 훈사(訓辭)를 기록한 것이 많다. 서주(西周)에 이르러

금문의 글씨체가 많이 가지런해졌고, 내용도 특정 사건에 대한 기록이 많아졌다.

전국 시대에는 제후 간의 분쟁이 잦았고, 그로 인해 문자도 서로 달랐다. 이때 나라마다 문자가 달랐을 뿐만 아니라 한 나라 안에서도 문자가 통일되지 않아 제멋대로였다. 진시황이 중국을 통일한 후 한자의 글꼴을 통일하는 '서동문(書同文)' 정책을 시행하기 시작해, 진나라가 사용했던 대전(大篆)을 약간 고쳐서 소전(小篆)으로 발전했다.

그러나 진나라의 경제와 사회가 급속히 발전하자 소전으로는 쏟아지는 문서를 모두 작성하기엔 감당할 수 없었다. 사람들은 쓰기 편하도록 소전의 둥글고 매끄러운 필획을 네모진 필획으로 바꿨는데, 그것이 나중에 예서(隷書)가 되었다. '예서'라는 명칭이 붙은 것은 당시에 옥리(獄吏)와 같은 하급 공무원들에게 써서 보여준 문자였기 때문이다. 예서는 진나라에서 정형화되었지만 한나라에 이르러서야 비로소 발전하기 시작했다. 현재 사람들이 말하는 예서는 보통 한나라의 예서, 즉 '한예(漢隷)'를 말한다.

예서의 200여 년의 발전과 변천을 거쳐 한말위초(漢末魏初)에 이르러 해서(楷書)가 등장했다. 여기서 '해(楷)'는 모범이란 뜻인데 글씨체와 획이 반듯하여 규범으로 삼을 수 있기 때문에 '진서(眞書)', '정서(正書)'라고도 불린다. 또한 해서는 구성이 치밀하여 읽기 쉽고, 쓰기도 편하기 때문에 천 년에 걸쳐 변하지 않았다. 이러한 해서는 위진(魏晉) 시기에 유행하기 시작했고, 수당(隋唐) 시기에 와서 더욱 발전했고 널리 보급되었다. 오늘날에는 표준 글자체로 간주돼 가장 흔하게 계속 사용되고 있는 글자체 중 하나이다.

이처럼 갑골문, 금문, 소전, 예서 그리고 해서에 이르기까지 한자는 기나긴 변천 과정을 거쳤다. 오늘날 우리는 갑골문, 금문, 소전을 고문자(古文字)로 통칭하고, 예서와 해서를 금문자(今文字)라고 부른다. 이렇게 고문자와 금문자를 가르는 중요한 분수령은 한자를 구성하는 필획의 형성에 있다. 고대 한자는 다양한 종류의 선으로 구성되어 비교적 뚜렷한 도형의 형태를 띠고 있는 반면, 현대 한자는 다양한 필획으로 구성되어 있다. 이 필획들은 자연적 발전에다가 인위적인 규범이 더해져 점차 규범화되었다. 따라서 한자의 변천 과정은 상형 문자의 도형적 특징이 점차 퇴화된 과정이라 할 수 있다.

단어

쐐기 문자 楔形文字	상형 문자 象形文字
점진적 渐进的	갑골문 甲骨文
배딱지 腹甲	점술 占卜术
반포하다 颁布	필획 笔画
정형화되다 定型化	퇴화되다 退化
규범화되다 规范化	

질문

1. 갑골문의 특징은 무엇인가?

2. 해서는 왜 오늘날의 표준 글자체로 정착되었는가?

3. 한자의 발달 과정에 대하여 간략히 설명해 보자.

더 생각해 보자

한자의 기원에 대해서 많은 전설이 전해져 내려오고 있다. 그중에 중국인의 시조라고 여겨지는 복희(伏羲)가 발명했다는 팔괘(八卦)에서 한자가 생겨났다는 설도 있고, 고대의 창힐(倉頡)이 만물의 형태를 자세하게 관찰하여 동물의 발자국이 서로 다르다는 것을 알게 되면서 여기에 착상하여 문자를 만들었다는 설도 있다.

관련 자료를 찾아보고, 한자의 기원에 대해서 여러분의 생각을 이야기해 보자.

3. 한자의 조성 원리

뜻과 소리의 결합을 말이라고 한다면, 말을 시각적인 기호로 나타낸 것이 문자이다. 소리를 단위로 만들어진 문자를 '표음문자(表音文字)'라고 하고, 뜻을 단위로 만들어진 문자를 '표의문자(表意文字)'라고 한다.[1] 한자는 대표적인 표의문자이다.

고대 문자 단계에서 한자는 주로 네 가지 방법으로 만들어졌는데 상형(象形), 지사(指事), 회의(會意), 형성(形聲)이 바로 그것이다.

상형은 간결한 필획으로 객관적 사물의 외관을 본 따 글자를 만드는 방법이다. 상형으로 만들어진 대표적인 예를 들어보면, '일(日)', '월(月)', '산(山)', '수(水)', '인(人)' 등이 있다.

지사는 상형이나 상징에 'ヽ'(점) 또는 '一'(횡)과 같은 추상적인 부호를 더해서 표현하려는 의미를 가리키는 것이다. 예를 들어 '本(근본 본)'은 상형 부호 '木(나무 목)'의 하부를 가리킴으로써 '나무 뿌리'를 뜻한다. '刃(칼날 인)'은 상형 부호 '刀(칼 도)'의 날카로운 부분을 가리키며 칼날이라는 의미를 나타낸다.

회의는 두 개 또는 그 이상의 글자를 합쳐 새 글자를 만드는 방법으로, 새 글자의 의미는 각 부분의 독립적인 글자 사이의 관계에 따라 해석할 수 있다. 예를 들어 '休(쉴 휴)'는 '人(사람 인)'과 '木(나무 목)'으로 구성되어 있어 사람이 나무에 기대 쉬고 있음을 뜻한다. '从(좇을 종)'은 두 개의 '人'으로 구성되어 있는데 뒷사람이 앞사람을 따라가는 것을 표시하여 '따르다'의 뜻을 나타낸다.

형성은 형태 부분인 형부(形符)와 소리 부분인 성부(聲符)를 합쳐서 하나의 새로운 글자를 만들어내는 방법이다. 여기서 형부는 글자의 의미를 나타내고 성부는 발음을 표시해 준다. 예를 들면, '湖'에서 'ㆍ'는 형부로 이 글자가 물과 관련이 있음을 나타내고, '胡'는 성부로 이 글자의 발음이 '胡'와 같음을 나타내고 있다.

---

[1] 표음문자는 한 글자가 곧 한 단위의 소리에 해당할 뿐이며, 그것만으로 뜻을 드러내지는 못한다. 그러나 표의문자는 한 글자가 곧 한 단위의 뜻을 반드시 나태내고 있을 뿐만 아니라 그 뜻에 해당하는 소리까지도 아울러 드러낸다.

같은 형부와 같은 성부가 언제나 꼭 같은 의미와 음성을 지시하지는 않지만 같은 형부는 대개 공통으로 관련된 의미를 지시하고 같은 성부는 대개 공통 자질을 가진 비슷한 음성을 지시하고 있는 것이다. 형성으로 만들어진 한자의 수가 가장 많아 전체의 80% 이상을 차지한다.

한자는 중국 문화를 기록하는 도구일 뿐만 아니라 그 자체로도 중국 고대사회의 사물, 제도, 관념 등 문화 정보를 반영하고 있는, 그야말로 '살아있는 화석'이라 할 수 있다.

'杯(잔 배)'를 예로 들면, 고대에는 '桮'로 기록되어 목재로 만들었다는 것을 알 수 있고, 그 이체자인 '盃'는 잔이 식기로 분류되었다는 것을 알려준다.

'碗(주발 완)'과 그 이체자인 '椀'은 오늘날의 사람들에게 고대에는 석제 그릇과 목제 그릇을 구분하여 사용했음을 알게 한다.

또 '美(아름다울 미)'는 옛사람들의 미적 관념을 보여준다. 이 글자는 윗부분의 '羊(양 양)'과 아랫부분의 '大(클 대)'가 합쳐져 '크고 살진 양이 곧 아름다움'이라고 해석할 수 있는데, 이는 고대에는 양과 사람의 관계가 매우 밀접했기 때문이다.

'好(좋을 호)'는 한 여자가 어린 아들을 품에 안은 회의자로 옛사람들의 '좋음'에 대한 가치관을 보여준다. 또한 많은 부정적 의미의 단어에 '女(여자 여)' 편방이 포함된 것은 (奴(종 노), 奸(간악할 간), 妒(시새울 투), 婪(탐할 람)) 전통문화에 담긴 남존여비 사상의 단면을 보여준다.

또한 우리는 한자의 어원을 통해서 고대 중국인들의 전통 관념을 엿볼 수 있다. 예를 들어 '囪', '蔥', '窗', '聰'은 한 그룹의 동계어(同源詞)인데, '囪(굴뚝 총)'은 연기가 바깥으로 빠져나가는 통로이고 '蔥(파 총)'의 특징은 잎이 하늘 위로 뻗는다는 것이다. '窗(창문 창)'은 공기가 통하는 벽의 구멍을 뜻하고 '聰(밝을 총)'은 외부 사물을 받아들여 이치에 통달한 것을 말한다. 이로써 우리는 '총명함'에 대한 옛사람들의 인식을 알 수 있는데 그들은 총명함을 내면이 외부 세계에 대한 감각적 통달이라고 생각했다.

이처럼 수천 년 동안 끊임없이 이어 내려온 한자를 통해 오늘날의 사람들은 고대의 문자를 보고도 문자가 표현하는 내용을 명확하게 이해할 수 있다. 뿐만 아니라, 이 문자들을 더 세심하게 살펴보면 옛사람들의 희로애락까지 느낄 수 있을 것이다. 이처럼 한자로 뚜렷하게 기록된 역사는 생동감이 넘치며, 중국 사람에게 끝없는 감동을 주고 있다.

단어

이체자 异体字

단면 侧面

내포되다 包含；蕴含

남존여비 男尊女卑

어원 词源

통달하다 通达；知晓

질문

1. 고대 한자의 구성 원리에 대해 예를 들어 설명해 보자.

2. 표음문자와 표의문자는 각각 어떤 특징이 있는가?

3. 왜 한자를 '살아 있는 화석'이라고 하는가?

더 생각해 보자

고대 한자에는 중국인의 지혜와 사상이 담겨 있다. '福'자의 갑골문 자형을 보면, 술이 가득 담긴 술병과 제단의 모양을 본뜬 것임을 알 수 있다. 이 자형은 사람들이 맛있는 술을 가져와 신에게 바치며 행복을 비는 것을 나타낸다. 후에 '福'자는 '행복, 만족'의 뜻을 갖게 되었고 행운을 상징하였다. 이 때문에 새해를 맞이할 때 사람들은 이 글자를 문 앞에 붙여두고 한해의 생활이 만족스럽고 행복하기를 희망하였다.

여러분도 관련 문헌을 찾아보고 흥미로운 한자 이야기를 친구들과 함께 나눠 보자.

4. 한자의 해외 전파

중국 문화를 전파하는 데 중요한 연결고리 역할을 담당하는 한자는 기원전 혹은 서기 1세기부터 일찍이 해외로 전파되기 시작했다. 북으로는 조선반도, 남으로는 베트남, 동으로는 일본에 이르렀다.

한자가 전파되기 전까지 이 나라들은 공식 문자가 없었는데 한자가 전래된 이후로, 그들은 오랜 기간 동안 언어를 기록하는 도구로 한자를 사용했다. 이러한 문자의 차용은 동시에 언어의 흡수를 일으키는데, 중국어의 영향을 많이 받은 한국어, 일본어, 베트남어에 중국 차용어가 대량으로 존재하는 것이다. 일본의 경우는 메이지 유신 직전까지 서양과 관련된 많은 새로운 단어가 중국을 통해 유입되었는데, 예를 들면 '铁路(철도)', '新闻(뉴스)', '公司(회사)' 등이 있다. 베트남어는 중국어를 차용한 단어가 어휘의 절반 이상을 차지한다.

한국은 예로부터 한자의 영향을 받아 왔으며, 고대에는 한자로 된 <사서>, <오경>을 공부했기 때문에 중국어를 차용한 단어가 한국어 어휘의 약 60%를 차지한다. 일찍이 조선반도에 전해 들어온 한자와 한문의 절대적인 영향으로

한국은 한자문화권에 속하게 되었고, <훈민정음> 반포 이후에도 한자에 의한 문자생활은 크게 달라지지 않았다. 특히 한자를 배우고 사용하는 것을 지극히 당연한 것으로 여겼고, 한자를 숙련되게 사용하는 것은 한(韓)민족 문화의 선진적 상징으로 여겨졌다.

단어

전파되다 传播	차용하다 借用
메이지 유신 明治维新	차용어 借词; 外来语

질문

1. 한자는 언제부터 해외로 전파되었는가?

2. 중국어는 일본어, 한국어, 베트남어에 어떤 영향을 미쳤는가?

더 생각해 보자

　　세계에서 가장 오래된 문자들은 변천 과정에서 대부분 사용이 중단되거나 표음문자로 바뀌기도 하는데, 한자만 대대로 전해 내려오고 있다.

　　왜 한자는 변천 과정에서 표음문자로 바뀌거나 다른 문자로 대체되지 않았는가? 이야기해 보자.

제 5 장
중국 사람의 생활 풍경

　의식주는 인간 생활에서 매우 중요한 부분이다. 그 중에서 음식은 중국 전통 문화의 가장 특색 있는 부분이다. 신석기시대에 간단히 불에 구워 먹던 음식부터 춘추전국 이후의 종명정식(鐘鳴鼎食), 연회(宴會)에 이르기까지 음식의 색, 향, 맛, 모양, 그릇, 조리 기술은 날로 발전하였다. 이러한 발전을 거듭하여 하나의 독특한 음식 문화 예술을 형성하게 되었다.

　그 다음으로 의복은 몸을 보호하고 추위를 막으며 부끄러운 곳을 가릴 뿐만 아니라 사람들의 다양한 생활 양식을 나타내고 아름답게 하는 작용을 한다. 한 마디로 인류의 생활을 보여주는 거울이라 말할 수 있다. 마지막으로 주택은 중국 고대 건축물 중에서 민간 건축 체계의 중요한 구성 부분이다. 중국은 영토가 광활하여 각 지역의 자연환경과 문화가 서로 다르므로 지역마다 매우 다양한 민가(民家) 형식을 형성하였다.

1. 음식 문화

음식은 중국 문화의 큰 자랑거리이다. 먹는 것을 하늘로 섬기던 중국 사람은 옛날부터 음식을 중요하게 여겨왔다. <예기(禮記)>에서 '함께 음식을 먹는 데에서부터 예의가 시작된다(禮之初, 始諸飮食)'고 했다. 음식에는 중국인들의 예의 풍속 뿐만 아니라 그들의 생활 태도, 사고 방식, 심미관 등의 문화적 요소가 가득 들어 있다.

중국인들에게 있어서 먹는다는 것은 단순히 음식을 섭취하는 것이 아니라 거의 일상의 모든 것과 연관된 것이라고 할 수 있다. 요리와 식생활은 중국에서 언제나 철학자, 정치가, 작가, 심지어 황제들의 대담과 사색의 주제였다.

중국 역사상 최초의 명재상으로 꼽히는 이윤(伊尹)은 요리를 예로 들어 천하의 정세를 상탕(商湯)에게 이야기했다는 기록이 있다. 그는 가장 위대한 통치 철학을 먹음직스러운 음식을 만드는 것에 비유해서 말했다. 이에 대해 첸중수(錢鐘書)는 "이윤은 중국 최초의 철학자이자 요리사였다"라고 하며, "그의 눈에는 세상 전체가 요리하는 주방과 같았다"라고 말했다.

이런 관념은 중국 고대의 정치의식 속으로 스며들었

다. <도덕경(道德經)>에서 노자가 "큰 나라를 다스리는 것은 작은 생선을 삶는 것과 같다"라고 말했다. 이 말은 생선을 요리할 때 자주 뒤집으면 살이 부서지는 것처럼 나라를 다스릴 때 번거롭게 굴면 백성이 흩어지니 정성을 다해 조심하라는 것이다. 이처럼 음식과 관련된 생각은 중국 고대에 매우 보편적인 사고방식이었다.

중국인들은 음식 자체를 중요시할 뿐만 아니라 과학적인 식습관에도 매우 관심이 많았다. 옛사람들은 일찍부터 식습관이 인간의 삶에서 얼마나 중요한지 깨달았고 음식과 건강의 관계를 인식했다. 주(周)나라 때는 왕과 귀족의 균형 잡힌 식사를 위해 음식 전문의를 따로 두었다. 이들 음식 전문의에게는 각 의사 중에 가장 높은 권위를 부여하여 음식 배합과 위생을 관장하도록 했다.

중국인들은 예로부터 계절별로 각기 다른 음식을 먹어야 한다고 생각했다. 이는 근본적으로 중의학에서 말하는 '천인합일(天人合一)' 관점의 영향을 받은 것이다. 중의학에서는 사람은 자연과 밀접한 관계가 있으므로 음식도 계절에 맞게 먹어야 한다고 여긴다. 예를 들면 겨울에는 그윽하고 짙은 맛의 음식을, 여름에는 담백하고 시원한 맛의 음식을 먹어야 한다는 것이다. 또한 겨울에는 푹 삶고 오래 찐 음식을, 여름에는 차게 비벼 먹는 음식을 먹어야 한다는 것이다.

현대 영양학에서는 사계절에 따라 엄격하게 맛을 달리해야 한다고 주장하지는 않지만 여전히 오미(五味, 단맛·쓴맛·신맛·매운맛·짠맛)의 배합을 중요시한다. 오미는 몸에 꼭 필요한 다섯 가지의 물질이기 때문에 이것들을 균형있게 잘 챙겨 먹으면 무병장수할 수 있다는 것이다.

단어

대담 交谈	사색 思索
뒤집다 (内外) 翻	스며들다 滲透
섭취하다 摄取；吸收	관장하다 掌管
무병장수 健康长寿	그윽하다 浓郁的
영양학 营养学	

질문

1. 중국인들은 왜 계절별로 각기 다른 음식을 먹어야 한다고 생각하는가?

2. 주나라 때의 음식 전문의는 무슨 일을 하는 사람인가?

3. '음식과 관련된 생각은 중국 고대에 매우 보편적인 사고방식이었다' 는 말을 예를 들어 설명해 보자.

더 생각해 보자

　　중국은 국토가 넓고 각지의 생산물과 기후, 생활 습관이 달라서 사람들의 입맛도 지역에 따라 다르다. 그래서 중국에서는 지방 특색의 요리 계보가 형성되었다.

　　여러분은 중국요리 계보에 대해서 알아보고, 각 계보에 속하는 요리의 특색에 대해 이야기해 보자. 그리고 여러분 고향의 대표적인 요리 한 가지를 소개해 보자.

2. 차 문화

중국은 차의 본고장이다. 중국인들은 사천여 년 전부터 차를 마시기 시작했다.

전설에 따르면 차는 염제신농(炎帝神農)이 발견했다고 한다. 신농은 중국 원고 시대의 제왕으로 재배에 일가견이 있었다. 인간에게 유용한 식물을 조사하기 위해서 신농은 모든 풀을 맛보다가 중독되었는데 후에 차를 마셔 해독했다고 한다. 따라서 최초의 차는 해독에 좋은 약으로 사용되었다. 이 후로 사람들은 차가 병을 치료할 뿐만 아니라 열을 식히고 정신을 맑게 해주며 마음을 가라앉힌다는 것을 깨달았다. 그래서 차를 대량으로 재배하고, 채취하여 제조하며 마시기 시작했다.

중국인들은 차를 마시는 데에 중요시하는 것들이 매우 많다. 먼저 끓이는 물의 맛을 신중히 고려하고, 찻잎의 품질 또한 따진다. 동시에 사용하는 다구(茶具)를 가리며 불의 세기 조절에도 신경을 많이 쓴다.

예로부터 중국인들은 좋은 차를 마시려면 반드시 좋은 물에 우려야 한다고 생각해 왔다. 따라서 어떤 물에 차를 우리는 것이 좋은지 꼼꼼히 따질 수 밖에 없었다. 당나라의 육우(陆羽)는 <다경(茶經)>에서 물을 선별하는 방법에 대해 서술했는데, 산골짜기의 물을 사용하는 것이 가장 좋고, 계곡물이 그다음이며, 우물물이 가장 하등급이라고 했다. 산골짜기의 물도 석회암 동굴에서 솟아오르는 물 중에서 천천히 흘러 내리는 물이 가장 좋고, 거세게 용솟음치거나 쏟아져 내리는 물을 사용해서는 안 된다고 했다. 물의 신선함을 확보하기 위해 빗물, 얼음 물, 이슬, 눈이 녹은 물 등으로도 차를 우렸는데, 이는 양생에 이롭다는 고대 중국인들의 믿음에서 비롯된 것이었다.

다음으로 찻잎을 살펴보면, 중국은 차 재배의 역사가 오래되어 찻잎의 종류가 매우 많다. 차의 제조 방법에 따라 녹차, 홍차, 우롱차, 흑차, 꽃차 등으로 나눌 수 있다. 녹차는 중국차의 주요 품종으로 생산량의 70% 정도를 차지한다. 유명한 녹차로는 항저우(杭州)의 용정차(龍井茶), 지앙쑤(江蘇)의 벽라춘(碧螺春) 등이 있다. 홍차는

발효한 차로 안후이 (安徽) 의 기문홍차 (祁門紅茶), 윈난
(雲南) 의 전홍차 (滇紅茶)가 가장 유명하다. 우롱차 (烏
龍茶)는 녹차의 일종으로 푸젠 (福建) 무이산 (武夷山) 과
대만 일대에서 주로 생산된다. 흑차는 윈난 (雲南) 의 보
이차 (普洱茶)가 대표적인데, 이는 가공하지 않은 청록색
의 차를 햇볕에 말린 후, 물을 뿌려 다시 발효하는 방식
으로 만든다. 꽃차는 국화차, 재스민차 등 다양한 종류가
있다.

차를 마시는 데에 다구 또한 매우 중요한 요소이다. 찻
주전자는 작을수록 귀하며, 각자 들어서 따라 마신다. 찻
주전자가 작아야 하는 이유는 차의 향이 쉽게 사라지지
않도록 하기 위해서이다. 차의 향은 찻잎에 물을 부은 후
잠깐 동안만 풍겨 나오기 때문에 차를 너무 빨리 마시면
향이 충분하지 않고, 너무 늦게 마시면 쉽게 사라져 버린
다. 적당한 때에 맞춰 마셔야 차향의 묘미를 맛볼 수 있
다. 이 외에도 다기의 모양, 색깔, 재질 등도 모두 신경
써야 할 대상이다. 중국은 자기 (瓷器)의 본고장으로, 자
기의 발달은 다구 발전의 기반을 제공했다.

차를 우릴 때 쓰는 불의 세기도 세심하게 조절해야 한
다. 옛 중국인들은 차를 우리는 데 찻물의 끓이는 정도도
꼼꼼히 따졌다. 예를 들어 찻물이 끓자마자 차를 우리는

것은 적합하지 않다. 왜냐하면 막 끓인 물은 기세가 너무 강해 차의 향기가 제대로 나지 않기 때문이다. 또한 막 끓인 물은, 끓자마자 그 소리가 매우 큰데, 마치 소나무 숲에 바람이 불어 내는 파도 소리와 같다. 이 물을 잠시 식힌 후에 차를 우리는 데 사용해야 한다. 이 적절한 타이밍을 놓치지 않기 위해 물을 끓이는 동안 옆에서 지켜보는 것이 매우 중요하다.

중국인들에게 차는 단지 갈증을 풀어주는 음료만이 아니다. 육우는 일찍이 차의 수많은 효능에 대해 언급했다. 예를 들면, 차로 몸이 덥고 건조한 것을 완화할 수 있고 가슴이 답답한 것을 풀 수 있다. 또한 밝은 눈과 청결한 마음을 가질 수 있고 근심을 없앨 수 있어 온몸이 상쾌한 기분을 느낄 수 있게 한다. 게다가 차는 사람의 에너지를 높이고 정신적 기쁨을 주며, 사고 능력과 재능을 증가시킨다. 이러한 다양한 효능이 있어서 예로부터 중국 사람들 대부분이 차를 즐겨 마셨다.

단어

일가견 独到见解

채취하다 采集

충만하다 充满; 饱含

석회암 石灰岩

갈증 口渴

해독 解毒

영성 灵性

우리다 泡 (茶); 沏 (茶)

용솟음치다 喷涌而出

청결하다 洁净的

질문

1. 중국인들은 차를 우리는 데에 중요시하는 요소가 어떤 것들이 있는가?

2. 중국의 차는 어떤 종류가 있는가?

3. 차의 효능에 대해서 이야기해 보자.

더 생각해 보자

" 차 문화는 중국 전통문화를 상징하는 하나이다. 중국 역사상 수많은 문화인들이 모두 차 마시는 걸 즐겼다. 다음 라오셔 (老舍)의 글을 잘 읽고 차에 대해 어떻게 생각하는지 자신의 생각을 이야기해 보자.

나는 전형적인 중국인이다. 커피, 코코아, 탄산음료, 맥주 모두 좋아하지 않고, 단지 차만을 좋아한다. 한 잔의 좋은 차는 만물을 고요히 관찰할 수 있게 하고, 그 안에서 모든 만족을 누릴 수 있게 한다. 술과 담배는 나의 좋은 벗과 같다. 하지만 이것들은 거칠고 격하며, 생각이 있지만 혈기도 있어 남성적이며, 차처럼 부드럽고 은은하게 어우러지지 못한다. 차는 여성적이다.

3. 술 문화

중국인들은 언제부터 술을 마셨을까? 두강(杜康)이라는 사람이 술을 처음 빚었다는 전설로 미루어 봤을 때 적어도 4천여 년의 역사를 거슬러 올라갈 수 있을 것이다.

전해져 내려오는 설로는 하(夏)나라의 임금인 두강이 어느 날 남은 밥을 속이 썩은 뽕나무에 넣어뒀는데 시간이 오래 흘러 자연 발효되더니 향기로운 냄새가 풍겼고 어떤 액체가 흘러나왔다고 한다. 두강이 그 액체를 마셔 보니 감미로움이 느껴졌고 이것으로 영감을 얻어 술을 발명했다는 것이다.

두강이 술을 만들었다는 이 설이 사실인지는 알 수 없지만 한 나라의 임금으로서 직접 술을 만들었다는 것은 당시 사람들이 술을 얼마나 중요시했는지를 말해준다. 이로 인해 두강은 후세에 술의 대명사로도 불리게 되었다.

이처럼 오랜 역사를 지닌 만큼 중국 전통술의 종류도 매우 다양하다. 중국 전통술은 크게 백주와 황주로 나눌 수 있다. 백주는 가열하여 증류시킨 술로서 그 색이 하얀색이라 백주라고 불리는 것이다. 알코올 도수가 40~80도로 매우 독하며, 마오타이(茅臺)와 펀주(汾酒)가 유명하다.

한편, 황주는 누룩 등을 발효시킨 다음 술지게미를 걸러내어 만든 술로 사용하는 원료와 촉매제로 인해 황색을 띤다. 알코올 도수는 10여 도로 비교적 약하며 그윽한 향이 풍긴다. 저쟝(浙江)의 사오싱주(紹興酒)가 가장 대표적인 황주이다.

술은 중국의 예의 문화와도 밀접한 관계가 있다. 몇

천 년전 고대 중국인들은 이미 주례와 주덕을 제창했다. 술 마실 때 반드시 예의를 갖추고 적당히 자제해가며 술을 마셔야 했고 술로 인해 덕망을 잃어서는 안 된다고 강조했다. 일찍이 〈시경(詩經)〉에서도 음주 자체는 좋은 일이지만 반드시 바른 자세를 유지해야 한다고 말하고 있다.

구체적으로 총명한 사람은 술을 마시더라도 약간 취할 정도로만 마셔 예의범절에 어긋나게 행동하지 않는다고 했다. 하지만 반대로 어리석은 자는 정신을 가누지 못할 정도로 술에 취해 예법에 어긋나는 행위를 한다고 말하고 있다.

또한 중국인의 주례 가운데 술자리에서 연장자를 예우하는 풍습이 있다. 예를 들어 연장자가 자리를 뜬 후에야 비로소 아랫사람이 자리를 떠날 수 있는 등 연장자를 공경하는 풍습은 중국인들의 음주 문화에서 생생하게 드러난다.

중국인들은 오랜 세월 동안 술과 관련된 많은 민간 풍속을 형성했다. 그중에서 중국인이 결혼식을 올릴 때 마시는 희주(喜酒)가 있다. 그래서 희주를 마시러 간다는 말은 결혼식에 참석하러 간다는 말과 같다. 결혼식에서 신랑과 신부는 부모님과 내빈에게 술을 대접하고 서로 합환주(合歡酒)를 마시기도 한다. 또한 주요 명절에도 술을 마시는 풍습이 있다. 섣달 그믐날 밤에는 세주(歲酒)를 마시면서 새해 온 집안의 평안을 기원한다. 단오에는 웅황주를 마시는데 이는 몸속 습기를 제거하고 해독하는 효능이 있다고 한다. 중추절에는 계화주를 마시면서 달을 감상하고, 중양절에는 예로부터 높은 곳에 올라가 국화주를 마시는 풍습이 있다.

중국의 술 문화에는 음주예절이나 민속 등에 관한 내용

뿐만 아니라 술에 관련된 역사, 철학, 문학, 예술 등 넓은 범주의 내용들이 포함되어 있다. 중국 역사상 많은 문학가와 예술가들이 술에 취한 가운데 창작하기를 즐겼다. 그들에게 술은 영혼을 적시고 고단함을 달래주는 것이었고, 또한 그들의 예술 생명에 최고봉 시대를 열게 했던 것이다.

'시선(詩仙)'이라고 불리는 당나라 대시인 이백은 술을 목숨처럼 아꼈고, 자신을 '주선(酒仙)'이라고 자칭하기도 했다. 두보의 <음중팔선가(飮中八仙歌)> 중에 "이백은 술 한 말에 시가 백 편이라(李白斗酒詩百篇)"라는 한 구절이 있는데, 이는 이백이 술을 얼마나 좋아하는지, 그리고 술이 그에게 얼마나 엄청난 창의력을 주는지를 잘 보여준다.

두보 또한 술을 매우 좋아했는데 그는 "목이 마르면 바닷물을 들이키듯 술을 마시고 싶고, 거침없이 시를 쓸 때에는 하늘에 오를 것 같은 기분이 든다(酒渴思吞海, 詩狂欲上天)"라는 호언장담을 하기도 했다.

당나라의 대서예가 장욱과 회소(懷素) 또한 후대에 '전장취소(癲張醉素)'라 불리는 유명한 애주가였다. 두 사람은 만취한 상태로 붓을 휘두르는 것을 좋아했고 붓을 대기만 하면 신과 같이 늘 최고의 작품을 만들어 냈다고 전해진다.

이처럼 술은 그들의 세속적인 이해득실을 초월하고 생명력과 창의력을 분출할 수 있도록 도와준 것이다.

단어

빚다 酿（酒）	증류시키다 (使) 蒸馏
누룩 酵母	술지게미 酒糟
촉매제 催化剂	적시다 浸湿; 滋润
고단하다 孤单的	호언장담 豪言壮语
만취하다 烂醉的	휘두르다 挥动
이해득실 利弊得失	압박감 压迫感
돈독히 笃厚地	계화주 桂花酒
웅황주 雄黄酒	

질문

1. 중국의 전통술은 어떤 종류가 있는가?

2. 역사상 문학가나 예술가 중에서 왜 애주가가 많았는가?

3. 주례에 대해서 예를 들어 설명해 보자.

더 생각해 보자

> 문인과 술은 서로 뗄 수 없는 밀접한 관계가 있다. 옛날 중국 문인들은 풍류를 즐기기 위해 술을 마셨고, 또한 삶의 고단함을 술로 달래주곤 했다.
>
> 중국 역사 속의 인물들이 술을 어떻게, 그리고 얼마나 즐겼는지 그들의 이야기를 찾아보고 이야기해 보자.

4. 전통 민가

중국은 영토가 광활하여 각 지역의 자연환경과 문화가 서로 다르므로 지역마다 매우 다양한 민가 형태를 형성하였다.

중국의 전통 민가는 공간 배치 유형에 따라 정원류(庭院類), 독채류(獨棟類), 집거류(集居類), 그리고 이주류(移居類)로 나눌 수 있다.

정원류는 중국의 전통 민가 가운데 가장 흔한 형태이다. 이것은 몇 채의 단독 건물을 각각 다른 방향에 위치해 둘레 안쪽 공간을 정원으로 공유하는 방식이다. 사합원(四合院)이 바로 이런 정원류에 해당된다. 사합원은 이름 그대로 사방에 건축물들이 둘러싸서 정원을 만드는 주거 형태이다. 중국에서 가장 넓게 분포된 사합원식 건축물은 특히 북방에서 많이 볼 수 있는데 그 중에서도 베이징 사합원이 가장 유명하다. 그리고 산시(山西) 진중민가(晉中民居), 산시(陝西) 관중민가(關中民居) 등도 모두 이러한 사합원에 속한다.

그다음으로 독채류 민가는 한 채의 건물 안에 다양한 용도의 공간을 배치하는 민가 형태이다. 여기에는 방, 대청 등 주요 공간 외에도 주방, 저장실 등이 모두 갖춰져 있고, 심지어 축사까지 포함되어 있다. 이러한 민가는 소수민족이 집중된 변경 산림지대에서 흔히 볼 수 있는데, 기원이 오래된 간란식(干欄式) 목조 건물과 벽돌 구조로 된 짱(藏)족과 창(羌)족의 조루(碉樓) 등이 이러한 독채류에 해당한다.

집거류는 주로 민난(閩南), 웨동(粵東), 간난(贛南) 등 객가인(客家人)이 밀집된 지역에서 볼 수 있는 주거 형태이다. 일종의 대형 주택 형식으로, 적게는 수십 채에서 많게는 수백 가구에 이르는 한 동족이 함께 거주하는 형태이다. 이러한 집거류 민가는 주거, 제사, 저장, 식수, 사육, 방어 등 많은 기능을 동시에 갖추고 있다. 객가인의 토루(土樓)가 이러한 집거류의 대표적인 건축 형식이라고 할 수 있다.

그다음으로 이주식 민가는 말 그대로 이동이 가능한 집이다. 중국에서 멍구(蒙古)족, 짱족, 어원커(鄂温克)족 등 목축민들이 이런 이주식 민가에서 생활했다. 그 구조를 보면 내부는 분해와 조립이 쉬운

목골로 틀을 세웠고 외부는 펠트를 씌워서 이동식 주택을 만들었다. 멍구 목축민이 만든 '파오(包)'와 짱족과 창족 목축민이 세운 천막집 등이 이러한 이주식 민가의 대표적인 예라고 볼 수 있다.

민가에는 민족적 특징이 짙게 반영되어 있으므로 각 민족의 독특한 생활 경험과 지혜를 엿볼 수 있다.

객가인의 조상은 1,900여 년전에 중원 일대에서 남쪽으로 이주한 한족이었다. 그들은 소란스러운 일을 막고 가족들의 안전을 지키기 위해 중국 역사상 가장 독특한 민가 형태인 객가토루를 만들어냈다. 견고하고 웅장하며, 보루와 같은 모습을 하고 있는 객가토루는 바로 이러한 객가인의 필요를 충족시킬 수 있는 주택 형태였다.

토루는 그 평면이 거대한 방형 또는 원형으로 되어 있고, 주위의 벽을 두꺼운 흙으로 만든 3~4층의 건물이다. 일반적으로 산악지대에 위치하기 때문에 대지면적은 넓지 않고 많은 수의 주거 단위가 토루 안에 밀집되어 폐쇄적인 주거 평면을 형성하고 있다. 이러한 건축 양식은 함께 모여 사는 객가인의 풍습에 맞을 뿐만 아니라 군사적 방어력까지 갖추고 있다.

황토고원의 토굴집 역시 자연조건에 부합하는 전형적인 주택 양식이다. 황토고원에 농경 자원이 부족하고 목재 등 전통 건축자재가 부족한 데다가 생활 여건이 어렵기 때문에 현지인들은 경작지와 나무를 최대한 절약할 수 있는 건축 형태가 필요했다. 그래서 황토고원의 넓은 황토층을 이용하여 요동(窯洞)이라는 독특한 양식의 토굴집을 만들었다. 이렇게 만든 토굴집은 불과 소음을 막아 줄 뿐만 아니라 겨울에는 따뜻하고 여름에는 시원하여 거주민들이 편안하게 지낼 수 있게 해줬다.

이뿐만 아니라 민가는 문화적 함의를 담고 있는 중국 전통문화의 매개체이기도 하다. 사람들이 베이징 사합원을 중국의 가장 대표적인 전통 주거 양식으로 꼽는데, 그 이유는 사합원이 예로부터 전해져 내려온 중국인들의 의식 세계를 잘 반영하고 있기 때문이다.

사합원은 사각형의 평면 구조로 건물을 연결하여 외부로부터 폐쇄적이고 내부적으로 개방적인 독특한 가옥 형태이다. 건물 네 동을 연결해 외부로부터 먼지나 비바람을 막기에 유리한 환경을 조성하고, 내부로는 개방성이 강해 가족 구성원의 거처를 안배하는 데 편리한 구조로 되어 있다.

사합원은 일반적으로 가운데를 대칭축으로 하여 내원(內院)과 외원(外院)으로 나눌 수 있다. 외원에는 손님방, 하인방, 부엌과 화장실이 있다. 내원으로 들어서면 북쪽에 당(堂)이라고 불리는 본채가 있는데 여기는 조상의 위패를 모시고 가족 행사를 진행하거나 귀한 손님을 접견하는 용도로 활용된다. 그 양쪽의 이방(耳房)은 어른의 거처 혹은 서재로 쓰이며, 정원 양쪽의 곁채는 젊고 어린 가족들이 머무는 곳이다. 각 건물은 정원을 향하고 있고 긴 복도로 서로 연결되어 있다.

이러한 사합원의 구조는 외부로부터 폐쇄적인 환경을 조성하는 한편, 가부장의 통치 지위, 남존여비, 주종 관계를 확고히 하고 위계질서를 공고히 하는 데 기여했다.

사합원은 또한 풍수를 중요하게 여겼다. 토지를 고르고 위치를 정하는 것부터 각 건물의 구체적인 크기까지 풍수 이론에 따라 진행되었다. 풍수 사상은 사실상 중국 고대의 건축 환경학으로 오랜 시간 동안 중국 고대 건축의 길잡이가 되어줬다.

마지막으로 사합원의 인테리어와 조각, 채색에서도 민속의 정취와 전통 문화가 곳곳에 나타나 있다. 박쥐 문양이나 '수(壽)' 글자로 구성된 그림들은 모두 복과 장수를 기원한다는 의미이고, 월계화를 꽂은 화병 문양은 사계절 모두 평안하길 바라는 뜻을 담고 있다. 또한 문에 새겨진 행운을 비는 글귀나 처마 기둥의 대련, 실내에 건 서예나 회화 작품… 곳곳에 전통 문화의 향기가 흠씬 느껴진다.

단어

생생하다 生动地	전란 战乱
기근 饥荒	전전하다 辗转
자갈 碎石；鹅卵石	건축자재 建筑材料
토굴（집）窑洞	경작지 耕地
대칭축 对称轴	위패 牌位；灵牌
접견하다 接见	인테리어 室内装饰
월계화 月季花	곁채 厢房

질문

1. 중국 전통 민가의 유형을 소개해 보자.

2. 객가 토루는 객가인들의 민족적 특징을 어떻게 반영하고 있는지 이야기해 보자.

3. 베이징 사합원이 중국의 가장 대표적인 전통 주거 양식으로 뽑히는 이유가 무엇인지 이야기해 보자.

더 생각해 보자

일찍이 선진(先秦) 시대에 중국 사람들이 집을 짓거나 묘지를 선택할 때 풍수를 보는 풍속이 있었다고 한다. 풍수지리에 대해서는 선조들의 삶의 지혜가 담긴 자연 생태학이라고 보는 견해도 있지만, 어떤 사람들은 미신으로 보며 풍수학에는 허위가 많다는 지적도 있다.

그렇다면 여러분은 풍수를 어떻게 보는가? 만일 여러분이 집을 지으려 한다면 풍수를 고려할 것인가?

5. 전통 의복

중국은 비단의 고향이다. 전설에 따르면 먼 옛날 황제의 부인 누조 (嫘祖)가 누에를 기르고 견사 짜는 방법을 발명하면서 중국인들이 비 단으로 옷을 만들기 시작했다고 한다. 중국 전통의상은 넓은 두루마기 와 큰 소매가 주를 이루며 소탈하면서도 품위 있는 스타일이 특징이었 다. 근대 이후로 중국과 서양문화 요소가 융합된 치파오(旗袍)와 탕 쫭(唐裝)이 점차 중국 전통 의복의 대표적인 스타일이 되었다.

20세기 20년대에 유행하기 시작한 치파오는 청대(淸代) 만주족 여성 복식에 서양 복식 요소를 융합한 새로운 스타일의 여성복이다. 몸에 딱 맞는 형태의 옷이며, 치마에 옆트임을 주어 실용성과 여성미 를 강조한다. 옷깃은 흔히 '차이니즈 칼라'라고 불리는 스탠드 칼라 이며, 치마와 소매의 길이도 다양하다.

치파오는 청나라를 세운 만주족의 기인(旗人)들이 입던 긴 옷에서 유래했으며 한족이 이를 치파오라고 부르기 시작했다. 청나라 순치(順 治)제 원년에 수도를 베이징으로 옮기면서 치파오가 중원에 보급된 후, 청나라 후기에 한족이 만주족의 옷차림을 모방하면서 인기를 얻었다.

그러다 민국 시대에 이르러 치파오는 전성기를 맞아 많은 여성 문 화인들이 치파오를 즐겨 입게 되었다.

50년대 이후 봉건제의 찌꺼기로 비판받던 치파오는 다른 전통 문화 와 마찬가지로 쇠퇴기를 맞이하게 되었다. 그러나 세계적으로는 그 독 창성과 아름다움을 인정받아 국제 패션대회에서 수상을 하는 등 해외 에 있는 화교들을 중심으로 계속 발전해 나갔다.

1980년대 이후 전통문화가 다시 부각되면서 중국 사람은 다시 치 파오에 시선을 쏠리기 시작했다. 중화민족의 상징 중의 하나로 꼽히 는 치파오는 현재 예복으로도 자리잡았다. 지도자 부인이나 여성 외 교관들이 국제적 행사에 참여할 때 치파오를 예복으로 많이 입는다. 이러한 치파오는 중국식 복고풍 분위기를 풍기며 독특한 동양미를 세 계에 알리고 있다.

2001년 APEC 정상 회의에서 각국 정상들이 단체로 탕쫭을 입고 등장해 패션계에 중국 전통 의복의 붐을 일으켰다. 탕좡은 당(唐)대에 유행했던 의복 스타일을 의미하는 게 아니라 중국 역사상 가장 태평성세를 이룬 시대의 명칭을 빌어 중국식 전통 복식을 일컫는 말이다.

오늘날의 탕좡은 청대의 두루마기에서 변형된 것으로 의복 스타일에 다음과 같은 네 가지 특징이 있다. 첫째, 깃이 높고 상의의 앞섶 가운데 부분이 열려있으며 옷깃은 바로 세우는 것이 특징이다. 둘째, 몸통과 소매를 연결하는 부분이 평면으로 재단된 통소매이다. 셋째, 옷깃을 여미는 스타일로 두 섶을 겹치지 않거나 비스듬히 경사지게 만든다. 넷째, 옷자락끼리 직접 단추로 잠그거나 매듭단추를 사용하여 잠근다. 이 외에도 옷감은 주로 무늬나 도안을 넣어 짠 견직물을 사용하는 특징이 있다.

중국 전통 의복에는 도안(圖案) 또한 매우 중요한 구성 요소 중 하나이다. 중국인들은 길상의 의미를 지닌 도안을 의복에 그림으로 도안화하여 상징적인 의미로 즐겨 사용했다. 그래서 중국 전통의상에 용, 봉황, 학, 기린, 원앙 등 상서로운 동물을 그리기도 하고, 망우초나 모란 같은 상서로운 꽃을 수놓기도 한다. 또한 해와 달, 바다, 구름, 산과 같은 자연경관의 문양도 있다. 이러한 것들은 중국의 먼 옛날 풍속과 신앙 중에서 특히 자연숭배의 관념을 상당 부분 반영한 것이다. 그 외에 '복(福)', '수(壽)', '희(喜)' 등의 글자도 흔히 볼 수 있는데, 이는 사람들의 염원을 직접 한자로 표현한 것이다.

단어

누에 蚕	견사 蚕丝
소탈하다 洒脱的; 飘逸的	곡선미 曲线美
독보적 无可比拟的	단아하다 端庄的
태평성세 太平盛世	비스듬히 歪斜地
경사지다 倾斜	매듭단추 盘扣

질문

1. 중국 전통 의복 양식 중 왜 치파오가 독보적으로 오랫동안 사랑받고 있는가?

2. 당대(唐代) 의복의 특징을 이야기해 보자.

3. 중국 전통 의복에서 자주 사용하는 도안과 이들의 상징적 의미에 대해 이야기해 보자.

더 생각해 보자

"   납염(蠟染)은 밀납(蜜蠟)을 방염재료로 활용한 염색법이다. 이러한 기술은 이천여 년 전쯤에 중국에 나타났다. 한(汉)나라의 실크로드 교역품 중에 납염 제품이 있었고, 신장(新疆) 지역에서 출토된 북조(北朝) 문물 중에서도 납염한 옷이 있었다. 또 둔황 막고굴 130호의 벽화에 나타난 것을 보면 당(唐)나라 때에 납염 기술이 아주 발달한 것을 알 수 있다. 이렇게 오랜 기간 동안 여러 지역에서 중국 역사와 함께 해 온 납염 기술은 오늘날에도 널리 쓰이고 있다.

그렇다면 오늘날 납염은 주로 어디서 쓰이고 있는지, 그리고 납염은 어떤 과정을 거쳐야 하는지 관련 자료를 찾아본 후, 이야기해 보자.

제6장
중국의 전통 의례

중국은 세계적으로 유명한 예의지국이다.

고대에는 조정의 군사와 국정부터 민간의 관혼상제에 이르기까지 모두 예(禮)의 규범 아래 행해진 만큼 예는 사회생활을 제약하는 가장 권위 있는 요소였다. 이 때문에 일부 학자들은 예와 중국 문화를 동의어로 보고, 예의 발생과 발전사를 중국 문화사의 한 부분으로 간주하기도 한다.

중국 고대의 예는 그 내용이 상당히 광범위하다. 인간과 하늘, 땅, 영혼과의 관계를 반영하는 제례부터 군신(君臣), 가족, 친구 등 인간관계에서 지켜야 할 예의범절, 더 나아가 인생사를 주관하는 관혼상제까지 그야말로 포함하지 않는 것이 없을 정도이다. 이는 예를 숭상하는 고대 중화민족의 정신이 반영된 것이라고 할 수 있다.

이 모든 의례 가운데에서도 서민들의 생활습관, 행동준칙과 가장 밀접한 관계가 있는 의례가 여태 가장 잘 보존되고 계승되었다. 그중에 특히 출생과 성년, 결혼, 사망 등과 같이 사람의 일생 가운데 새로운 변화를 겪는 시기에 취하는 의식으로, 이른바 '통과의례'가 그러하다. 본 장에서는 출생례와 관례, 혼례, 상례를 각각 살펴보도록 하겠다.

1. 출생례

중국 사람은 출생, 성년, 결혼, 사망이라는 몇 가지 인생의 전환점을 무사히 통과하기 위해서 일정한 의식을 치러야 한다고 생각했다. 그중에 첫번째 의식이 출생례이다.

한 생명이 태어난 후 생리적 개체이자 사회의 새 구성원으로서 길고 긴 적응의 과정을 거쳐야만 진정으로 사회에 소속될 수 있다. 고대 중국인의 출생례의 몇 가지 주요 단계를 통해서 이러한 과정을 확인할 수 있다.

고대에는 아기가 태어나면 성별에 따라 문 왼쪽이나 오른쪽에 활 또는 수건(帨)을 건다. 남자아이를 낳으면 문 왼쪽에 활을 걸고, 여자아이를 낳으면 문 오른쪽에 수건을 거는 것이다. 활은 고대 목궁의 일종인데 종종 전쟁터에 징집되던 남자의 상징이고, 수건은 주로 집에서 가사일과 양육을 담당하던 여자들의 상징인 것이다. 그래서 이런 풍습은 아기가 태어나자마자 그들에게 엄격한 성별 기호를 붙이고 그 사회적 역할에 따라 전통문화가 규정하는 모종의 기대를 부여했다는 것이다.

아기가 태어나면 명명(命名)식을 치른다. 원시 신앙에서 인간이나 신의 이름은 특별한 힘을 가진다고 여기므로 이름은 한 사람의 호신부적과 같은 존재였다. 이러한 신성함 때문에 명명식은 보통 장엄하고 성대한 종교적 분위기를 지녔다. 그러나 사회가 발전함에 따라 명명식은 민간에서 그 중요성이 날로 약해졌고, 점차 세삼(洗三)과 만월(滿月) 두 개의 의식으로 대체되었다.

세삼은 '삼조(三朝)'라고도 하는데 대부분 출산 후 삼일째 되는 날에 열린다. 의식의 주요 행사는 신생아를 목욕시키는 것인데 이는 고대 신앙에 물이 재생을 의미했기 때문에 더러운 것을 씻어내고 액막이를 하여 복을 비는 것을 의미한다. 친지들이 모두 지켜보는 앞에서 신생아를 목욕시키는데, 이는 친지들에게 새로운 생명을 확인 받는 의미이자 동시에 생명력을 강화하는 의미이기도 하다. 목욕이 끝나면 아기의 탯줄 잔여물을 깨끗이 제거하는데 이는 아기가 공식적으로 모태에서 벗어나 독립된 개체가 되었다는 것을 상징한다.

세삼이 기본적으로 친지들에게 한정된 의식이라면 만월은 친지와 친

구, 이웃까지 한데 모여 더 큰 규모로 진행되는 의식이다. 대규모의 술자리를 여는 경우가 많은데 단체 회식의 형식으로 함께 신생아의 탄생을 축복하고 인정하는 것이다. 만월에는 아기의 배냇머리를 깎는다. 깎인 배냇머리는 부모로부터 받은 것이기 때문에 머리를 깎는 것은 중요한 관습으로 여겼다. 깎은 배냇머리는 실로 잘 감아 아기의 침대 머리맡에 걸어두면 아기가 건강하게 잘 자라도록 지켜준다고 여겼다.

신생아가 태어나면 사회는 그가 장래에 수행할 역할에 대해 세세히 규정하고 그에 따라 큰 기대를 건다. 그러나 인간 세상의 고난과 좌절은 종종 이러한 기대를 무너뜨리기도 한다. 따라서 문화 체계에는 이에 상응하는 해석과 예측의 기제가 더해졌는데 이런 것들에는 신생아의 운명을 점치는 행위인 관상과 사주, 돌잡이 등이 있다.

관상은 아기의 외형적 특성, 출생 당시의 상황 등으로 미래를 미리 알아보는 것을 말한다. 또 사주는 사람이 태어난 연월일시로 사람의 운명을 예측하는 것이다. 이 두 가지 점술은 이제 대부분 미신으로 여겨져 점차 사라지고 있는데 오직 돌잡이만 지금까지 전해져 아기의 첫돌 행사의 중요한 풍습으로 자리잡게 되었다.

돌잡이는 다양한 사회적 역할과 직업을 상징하는 물건을 신생아에게 뽑게 하여 그것을 아기 장래의 직업으로 보는 의식이다. 문인을 상징하는 책, 공무원을 상징하는

도장, 무사를 상징하는 활, 상인을 상징하는 되와 말 등을 그 예로 들 수 있다. 따라서 돌잡이를 통해 아기에 대한 사회적 인정과 사회적 역할에 대한 기대, 삶에 대한 예측이 거의 다 이루어진다고 볼 수 있다. 한 어린 생명은 이때부터 기쁨과 고난으로 가득 찬 세상에서 옹알이를 하고 걸음마를 시작하면서 길고 긴 인생의 여정을 시작하게 된다.

단어

생리적 生理的	징집되다 被征 (入伍)
부적 符	신생아 新生儿
성대하다 隆重的	탯줄 脐带
잔여물 残余	배냇머리 胎发
기제 机制	옹알이 牙牙学语
걸음마 (幼儿) 学步	무너뜨리다 推倒; 破坏

질문

1. 옛날에 신생아의 운명을 점치는 행위가 어떤 것이 있었는가?

2. 돌잡이는 과학적인 부분이 있다고 생각하는가?

3. 신생아를 위한 명명식은 왜 장엄한 종교적 분위기를 지녔는가?

더 생각해 보자

> 예(禮)의 기원에 대해서는 여러 가지 속설이 있다. 예는 선물 교환으로부터 시작한다고 주장하는 사람이 있는가 하면, 예의 기원은 종교와 연관이 있다고 여기는 사람도 있다. 또한 예는 인간의 욕망을 억제하는 수단으로 보는 사람도 있고, 음식의 제례로부터 예가 시작한다고 주장하는 사람도 있다.
>
> 그렇다면 여러분은 예의 기원에 대해서 어떻게 생각하는가? 자유롭게 이야기해 보자.

2. 관례

중국 고대사회에서 아이가 성인이 되면 성년례를 진행했다. 남자는 상투를 틀어 갓을 씌우게 하는 관례를 행했고, 여자는 쪽을 찌고 비녀를 꽂아주는 의식인 계례(筓禮)를 행했다.

성년례는 고대 씨족사회의 성정례(成丁禮)로부터 유래했다고 전해진다. 씨족 사회의 아이는 성숙기에 접어들면 반드시 성정례를 치러야 씨족 공동체의 정식 구성원이 되어 권리와 의무를 다할 수 있었다. 이러한 성정례는 후에 유교의 영향을 받아 관례가 되었다.

고대 사회에서 관례는 모든 예의 시작이자 근본으로 여겼다. 이는 관례자에게 성인이 된 것을 일깨워주기 위해 행해지는 것이었다. 이때부터 가정에서 아무런 책임도 맡지 않았던 어린아이가 사회에 본격적으로 진출하여 사회적 역할을 수행하게 된다. 이와 동시에 효(孝), 제(悌), 충(忠), 순(順)이라는 덕행을 이행해야 비로소 '사람'이라 불리고 다른 사람을 다스릴 자격을 얻게 된다.

관례는 가문의 후계자에 대한 성년의례로 가문의 전승과 발전에 관계되는 중대사이다. 따라서 관례자 본인과 그의 가족 모두가 매우 신중하게 의식을 준비한다. 관례가 열리기 전에 점을 쳐서 관을 쓸 날짜와 관례에 참석할 빈객을 정한다.

관례 의식은 관례자의 부친이 주관하며 종묘에서 진행된다. 의식에서 가장 중요한 것은 주빈이 세 차례에 걸쳐 관례자에게 관을 씌워주는 것이다. 먼저 치포관(緇布冠, 검은 삼베로 만든 관)을 씌우며, 이때부터 타인을 다스릴 권리가 있음을 알린다. 두 번째로 피변(皮弁, 흰 사슴 가죽으로 만든 관)을 씌우며, 이때부터 병역의 의무가 있음을 알린다. 마지막으로 작변(爵弁, 정수리가 평평한 검은색 모자)을 씌우며, 이때부터 제사를 지낼 수 있음을 알린다.

이 세 개의 관은 각각 일상, 사냥과 전쟁, 그리고 제사를 상징한다. 이 관들을 차례로 쓰는 것은 의식을 통해 관례자의 신분을 인정하고 성인으로서 누릴 수 있는 권리와 이행해야 하는 의무를 확인하는 것을 의미한다.

관례 의식 가운데 술을 마시는 의식이 있다. 술을 나누어 마시는 것은 새로운 지위나 관계, 그리고 질서의 형성을 상징하는 의미이다.

또한 관례 당일에는 관례자에게 '자(字)'를 지어주는 의례가 있다. 대부분 덕망이 높은 빈객이 자를 지어주는데, 자는 주로 관례자의 인생을 격려할 뿐만 아니라 성인으로서 의무를 잘 수행하라는 채찍질하는 의미가 담겨 있기도 하다.

개인이나 집안에 이처럼 큰 의미가 부여되었음에도 불구하고 관례는 중국 사회에서 매우 빠르게 사라지게 되었다. 사회 하층 계급에서부터 시작해 귀족이나 사대부 계층에서도 더 이상 관례의식을 찾아볼 수 없게 되었다. 이는 사회가 발전함에 따라 사회적 권리와 의무가 나이가 아닌 출생과 동시에 주어지는 사람의 귀천(貴賤)에 따른 출신 배경으로 결정되었기 때문이다.

그러나 오늘날 전통문화가 새롭게 각광받으면서 성년례의 부활을 외치는 목소리도 점점 커지고 있다. 이러한 외침에는 청소년들이 성년례를 통해 자신의 역할 변화를 인식하고 가정과 사회에 대한 책임감을 기르며, 덕행을 실천하여 적격한 사회인이 되길 바라는 의미가 담겨 있다.

단어

일깨우다 提醒; 启发	덕행 道德品行
수행하다 履行	후계자 继承人
종묘 宗庙	격려하다 激励
채찍질하다 鞭策	빈객 宾客
주빈 主宾	

질문

1. 성인이 되어 수행해야 하는 사회적 역할이 무엇인가?

2. 관례는 왜 가문의 전승과 발전에 관계되는 중대사였는가?

3. 관례의 절차에 대해 이야기해 보자.

4. 관례는 왜 중국 사회에서 빠르게 사라져 버렸는가?

더 생각해 보자

> 중국 고대의 예의(禮儀) 제도는 극히 번잡했고 관련된 내용 역시 매우 광범위했다. 후세에 예의 내용에 따라 다섯 가지의 예의로 구분했다. 즉, 길례(吉禮, 하늘, 땅, 사람의 영혼에 대한 제례), 가례(嘉禮, 인간관계 조화 및 감정 소통에 관한 예의), 빈례(賓禮, 손님맞이에 관한 예의), 군례(軍禮, 군대 훈련과 정벌에 관한 예의), 흉례(凶禮, 애도, 조문, 우환에 관한 예의)이다.
>
> 관련 문헌을 찾아보고 이 다섯 가지 예의를 각각 예를 들어 설명해 보자.

3. 혼례

중국 전통 혼례의 기원은 매우 오래되었다. 주(周)나라 때의 <의례(儀禮)>에 최초로 혼례에 대한 절차가 세세하게기록되어 있다. 전통 혼례 의식은 '육례(六禮)'라고 하여 납채(纳采), 문명(问名), 납길(纳吉), 납징(纳徵), 청기(请期), 친영(亲迎) 총 여섯 개의 절차로 진행된다. 시대의 변화와 사회 계급의 차이로 인해 혼례의 양상이 다소의 변화를 보였으나 이런 기본적인 틀에서 크게 벗어나지는 않았다.

납채는 결혼식 시작 단계로 오늘날의 혼담에 해당한다. 보통 남성측 집에서 염두에 둔 처녀 집에 중매자를 보내 청혼하게 한다. 여성측 부모가 청혼에 동의하면 남성측 부모가 중매인을 통해 선물을 보내 혼담을 하는 의례를 납채라고 한다. 초기의 납채 선물은 기러기가 일반적이었으나 후대에는 선물 종류가 늘어났을 뿐만 아니라 상징적 의미가 있는 물건으로 점차 바뀌었다. 길함의 상징 양이나 부와 복의 상징 사슴, 혹은 부부간의 사랑을 상징하는 원앙 등을 예로 들 수 있다.

두 번째 단계는 문명이다. 중매자는 여성 측도 결혼에 뜻이 있음을 알게 되면 진도를 더 나아가 여성의 사주팔자를 묻고 이를 남성측 집에 전달하여 점을 칠 수 있도록 한다. 문명이 중요한 것은 전통 중국 사회의 점술 때문이다. 중국 전통 사회에서 사주는 혼례의 필수불가결한 절차로 남녀의 궁합이 상극이거나 잘 맞지 않으면 혼인은 취소되곤 했다.

만약 좋은 점괘가 나오면 남성은 다시 중매자를 여성 집에 보내 결혼을 알리는 납길을 행한다. 민간의 풍습에 따라 납길을 행

하면 약혼한 것이라고 할 수 있다.

납길을 거쳐 양측은 혼인관계를 확정하고 납징에 들어
간다. 본격적인 혼인 준비에 들어가는 것으로 남성은 좋
은 날을 택하여 여성의 집으로 예물을 보낸다. 일단 여성
측에서 납징이라는 큰 선물을 받으면 이는 곧 혼약 성립
을 의미하는 것이니 이때부터 특별한 이유 없이는 혼약을
번복할 수 없다.

납징례가 끝나면 남녀 쌍방의 혼인은 이미 확정된 것
이다. 남성측은 결혼 날짜를 정하고 선물과 함께 심부름
꾼을 여성 집으로 보내 날짜를 통보하는데 이것이 청기이
다. 중국 전통 신앙에서 날짜는 그 자체로 신비로움을 갖
고 있기 때문에 전문적으로 좋은 날짜를 꼽는 술사가 있
었다.

그다음 순서로 친영이란 신랑이 친히 신부집에 가서 신
부를 맞이하는 의식을 말한다.

당송 때부터는 배당례(拜堂禮)가 결혼식의 필수불가
결한 절차가 되었다. 그래서 배당례는 종종 혼례의 대
명사로 쓰이기도 했다. 배당은 '배천지(拜天地)'라고도
하는데 고대에는 남녀가 하늘과 땅에 절을 해야만 비로

소 정식 부부가 된다고 생각했기 때문에 예배 의식을 매우 중요시했다. 배당은 삼배(三拜)로 진행한다. 첫 번째 절은 천지신명께 바치는 것으로 하늘과 땅에 올리는 절이다. 두 번째 절은 가문에 드리는 것으로 부모와 집안 어른들께 절을 한다. 마지막으로 부부가 맞절하는 것은 서로 손님 대하듯 존경하겠다는 의미를 담고 있다. 이렇게 배당을 거치면 여자는 정식으로 남자 집안의 일원이 된다.

이러한 중국 민간의 전통 혼례는 시대의 변천에 의해 다양한 양상을 보이고 있지만 결혼이 '두 가문이 만나 조상을 섬기고 후세를 잇는 것'이라는 중국인들의 인식은 크게 달라지지 않았다. 종법 사회에서 결혼의 목적은 새 가정을 꾸리는 것이며, 새 가정의 임무는 조상에게 제사 지내는 데에 있다는 것이다. 결혼은 개인의 일이기보다 집안의 중대사이므로 부모의 명령과 중매자의 말에 좌지우지되었고, 또한 양측 집안의 형편을 꼼꼼히 따지게 되었던 것이다.

단어

중매자 媒人	청혼하다 求婚
혼담 谈婚论嫁	필수불가결하다 不可或缺的
친히 亲自	맞절하다 对拜
섬기다 伺候；供奉	좌지우지되다 被任意摆布
종법 宗法	

질문

1. 납채의 선물은 주로 어떤 것이 있는가? 이들은 각각 어떤 상징적 의미를 지니는가?

2. 옛날에 결혼 날짜는 왜 술사에 의해 결정되었는가?

3. 전통 결혼은 왜 부모의 명령과 중매자의 말에 좌지우지되었는가?

더 생각해 보자

> 옛날 중국의 전통 혼례에서 양가 집안의 균형을 따지는 가문 의식이 매우 명확했다. 이는 육례 중 문명을 봐도 알 수 있다. 처음에 문명은 여성의 이름, 생년월일시 등의 정보를 확보하는 데에 그 목적을 두었다. 이를 바탕으로 남성측은 남녀 쌍방의 사주팔자와 음양 궁합으로 혼인의 적합성을 따져보았다. 그러나 송대에 이르러서 문명은 점차 양가 집안 등 사회적 요소에 스며들었다. 양가 집안은 서로 할아버지대의 선조, 아버지, 그리고 남성 본인의 관직과 토지 재산 등의 정보를 사주단자에 자세히 적어 교환하여 정략결혼 여부를 결정했다.
>
> 여러분은 위 글에 대해 어떻게 생각하는지 자유롭게 이야기해 보자.

4. 상례

죽음은 인간의 필연적 귀결이다. 살아 계실 때는 예로써 섬기고, 돌아가신 뒤에는 예로써 장사 지낸다는 말은 유학(儒學) 전통 효도 관념의 핵심이다. 이는 애도, 안장(安葬), 제사 등 일련의 행위로 구성된 상례 의식으로 나타난다.

고대에 사람이 죽으면 산 사람들은 지붕 위로 올라가 북쪽을 향해 죽은 이의 영혼을 불렀는데, 이는 죽은 자의 영혼을 몸으로 돌려보낸다는 의미였다. 사람들은 이렇게 영혼을 불러 죽은 사람을 다시 살아나도록 했다.

일단 사망이 확정되면 상주를 세워야 한다. 죽은 자가 한 집안의 어른이면 장남을 상주로 세우고, 장남이 없으면 장손을 세운다. 종법 사회에서는 장남만이 가장을 계승할 권리가 있기 때문이다. 따라서 상주를 세우는 것은 사실상 한 가족의 권력을 이전하는 절차이다. 아울러 장례와 관련된 사람은 모두 옷을 갈아입는데, 이는 옷차림과 생활양식에 변화를 줘 고인을 애도하는 것이다. 지금도 고인의 친족은 검정색 천이나 흰 꽃 등을 착용해 효심을 드러내고 있다.

사람이 죽으면 주로 목욕, 반함(飯含), 수의 입히기 등 일련의 시체 처리 절차를 거친다. 시체를 목욕시킨 후에는 수의를 입힌다. 이때 죽은 자의 입에 쌀이나 옥수수를 넣는데, 이는 빈손으로 떠나지 말라는 것을 의미한다. 그리고 시신을 관에 넣는다. 입관 후에 상을 멈추고 매장을 기다리는 것을 '빈(殯)'이라고 한다. 유족들은 빈소를 마련해 친척과 친구들이 조문할 수 있도록 한다.

죽은 사람을 매장한 후에는 복상(服喪)을 한다. 복상의 복잡함은 놀라울 정도이지만, 간단히 말하자면 옷차림부터 생활 방식까지 일상생활과는 확연히 다르게 하는 것을 기본 특징으로 한다. 복상 기간 중 복상자의 언행과 거주방식, 음식, 복장에 모두 일상생활과는 다른 금기가 있다. 하지만 시간이 지날수록 복상의 이러한 금기는 점점 없어지고 있다.

출생례, 관례, 혼례 등의 통과의례와 마찬가지로 상례에 관한 예의범절은 역시 사회적 구조와 이의 구성 원칙을 유지하는 데 통합적 기능을 발휘한다.

우선 장례 의식은 사회의 위계질서를 유지하고 사회적 계층 분화를 강화시키는 데 쓰인다. 예를 들어 장례문화에서 죽은 자의 신분에 따라 죽음에 대한 호칭이 달라지는 것으로 나타나는데 천자는 '붕(崩)', 제후는 '훙(薨)', 대부(大夫)는 '졸(卒)', 평민은 '사(死)'로 칭한다.

죽음에 대한 호칭 외에 더 중요한 것은 장례 절차와 제례 물품을 통해 확인할 수 있다. 혼을 부르는 데 사용되는 옷, 수의의 수량 및 재질, 관의 크기, 묘비의 규격 및 장식, 명기(明器)의 종류와 수량부터, 발인의 의장, 묘의 높낮이와 면적 등에 이르기까지 죽은 자의 사회적 계급에 따라 엄격한 장례 절차를 통해 사람들의 사회적 질서 의식을 강화시켰다.

둘째, 상례를 통해 가족 간의 결속과 응집력을 높일 수 있다. 이것은 주로 분상(奔喪)과 상복 제도를 통해 나타난다. 일단 가족 내 한 구성원이 사망하면 다른 구성원들은 상갓집을 찾아 애도를 표하고 산 자를 위로하며, 또한 부조금을 주고 함께 장례를 치르기도 한다. 고인과의 친소 관계에 따라 복상도 해야 한다. 복상은 산 자와 죽은 자의 관계를 나타내는 기호로 복상을 통해 산 자와 죽은 자, 산 자와 산 자 사이의 관계를 강화한다.

마지막으로, 상례는 그 자체로도 전통 문화 교육의 장이다. 장례를 치르고 효를 다하는 것은 윤리를 가르치는 매우 긍정적인 방식인 것이다. 비록 오늘날 사회가 많이 발전했지만 효(孝), 제(悌), 충(忠), 신(信)과 같은 고유의 가치관은 여전히 중국 사람들의 삶을 지배하고 있고, 이러한 가치관을 유지하려는 노력도 계속되고 있다. 장례 의식 역시 그러하다.

단어

필연적 必然的	귀결 终结; 归宿
애도 哀悼	상주 丧主
수의 寿衣	빈소 灵堂
조문하다 吊唁	금기 禁忌
결속 团结	예의범절 礼仪规范
응집력 凝聚力	발인 出殡

질문

1. 사람이 죽은 후 상주를 세우는 것이 어떤 의미가 있는가?

2. 상례에 관한 예의범절은 어떤 기능을 발휘하고 있는가?

3. 상례 예속은 어떤 교육적 기능을 갖고 있는가?

더 생각해 보자

> 중국 전통 상례 문화의 가장 기본적인 특징은 죽음을 삶처럼 여긴다는 것이다. 즉, 죽은 자의 영혼이 마치 살아 있는 것처럼 생전과 마찬가지로 모시는 것이다. 이러한 죽음에 대한 태도는 중국 조상숭배의 핵심이자 중국 종법 사회의 구조 및 구성 원칙의 기둥이다. 따라서 어떤 이들은 장례 풍습이 중국 전통문화의 정수와 본질을 반영한다고 말하고 있다.
>
> 여러분은 이에 대해서 어떻게 생각하는지 이야기해 보자.

제 7 장
24절기와 전통 명절

    중국은 사계절의 변화가 뚜렷하다. 그러므로 중국인들은 옛날부터 이 네 계절에 맞는 농경생활을 하며 살아 왔다. 농사는 기온 및 강수량의 변화에 크게 의존하고 있기 때문에 하늘에 의지해 먹고 사는 선인들은 자연, 기후, 그리고 만물의 변화에 대해 세심히 관찰하고 기록했다. 그 결과 사시팔절(四時八節)이라는 시간 체계가 형성되었고, 점차적으로 24절기로 더 세분화되었다.

    전통명절은 과거 중화민족의 풍성하고 다양한 사회상과 생활문화양식을 생생하게 담고 있어, 중국문화와 중국인을 보다 더 깊게 이해할 수 있게 해주기 때문에 민족문화에서 빼 놓을 수 없는 중요한 문화유산이다. 중국 전통명절의 특징과 역사, 문화적 다양성을 가장 잘 살펴볼 수 있는 대표적인 3대 명절로 춘절, 중추절, 단오절을 꼽을 수 있다.

1. 24절기

　　우리는 누구나 일정한 시간과 공간에서 살고 있다. 공간은 일정하고 구체적인 반면, 시간은 어떤 기준을 가지고 측정하고 표시해야 한다. 중국인들은 일찍이 해와 달과 별의 움직임을 보면서 시간을 재는 방법을 알았고, 이를 바탕으로 24절기라는 중국만의 전통 시간 측정법을 만들어 냈다. 국제 기상학계는 24절기를 '중국의 다섯 번째 발명'이라는 칭호를 부여했다. 2016년 11월 30일, 중국이 신청한 '24절기 – 태양의 주기 운동을 관찰해 연중 계절, 기후, 만물의 변화규칙을 파악해 만든 지식체계이자 사회실천'이 정식으로 유네스코 인류무형문화유산에 등재됐다.

　　24절기는 지구가 태양 주위를 도는 주기를 관찰하여 얻어진 결과이다. 일년 중 태양이 가장 높이 뜨고 낮의 길이가 긴 하지(夏至)와 그 반대인 동지(冬至), 그리고 두 시기 중간에 놓인 춘분(春分)과 추분(秋分)으로 1년을 나눈다. 각 절기를 다시 6개 절기로 세분하여 1년을 24절기로 구성한다. 24절기 각각의 명칭은 지구가 태양의 둘레를 도는 길인 황도를 따라 15°씩 돌 때마다 황하 유역의 기상과 동식물의 변화 등을 나타내는 명칭을 붙인 것이다.

  24절기는 어찌 보면 자연과의 섬세한 교감에서 비롯된 것이라 할 수 있다. 절기에 따라 변화하는 풍경과 동식물, 심지어 사람이 몸에서 느끼는 반응들은 서로 밀접하게 연관되어 있어 보인다. 우수(雨水)가 되면 초목에 싹이 텄다가도, 상강(霜降)이 오면 어김없이 잎이 지며, 입추(立秋)무렵에는 슬슬 서늘한 바람이 불어오기 마련이다.

  농사는 기온 및 강수량의 변화에 크게 의존하고 있다. 1년간 계절에 따라 파종, 수확, 저장 등 해야 할 일들이 정해져 있는 것이 농사의 기본이다. 태양의 움직임에 따른 일조량, 강수량, 기온의 변화를 보고 만든 24절기는 농사의 길잡이가 되는 셈이다.

  24절기의 각 절기마다 전개되는 농사와 더불어 그에 상응하는 다채로운 민속활동과 의식도 진행된다. 예를 들면, 봄이 되면(立春) 봄을 맞이하기 위한 다양한 활동과 신에게 제를 올리며 농사의 시작을 알린다. 여름이 되면 (立夏) 어떤 지역에서는 혹서기에 떨어지기 쉬운 체력과 건강을 위해 흑미로 밥을 해 먹거나, 등산을 한다. 가을에 접어들면(立秋) 좋은 날씨와 기후로 오곡풍년과 수확을 기원하는 노래와 연주를 하기도 한다. 농한기인 겨울에 들면(立冬) 자연과 신에게 감사의 제를 올리고, 가족 및 친족들간의 우의를 다지는 활동을 한다. 자연에 순응하며 노동과 생활을 이어 나가는 이러한 민속활동들은 자연을 존중하고 화합을 중요시 하며 생명을 소중히 여기는

중국인들의 민족정신을 반영하고 있다.

중국인들은 24절기를 외우기 좋게 <24절기 노래>를 만들었다. 봄
(春), 여름(夏), 가을(秋), 겨울(冬) 각 절기 첫 글자를 조합하여 만
든 이 노래는 계절의 변화를 시적으로 기억하려는 중국인들의 문학적
발상을 엿볼 수 있게 한다. 24절기에 관한 지식은 초중등학교 어문
(語文)과정에 이미 포함되었다. 아이들이 어렸을 때부터 절기 노래
를 익히면서 시간관념을 기르고 자연만물을 감지하는 법을 배운다.

도시화가 진행되면서 중국인의 절반 이상은 이미 농사와 무관한 도
시에 살고 있다. 어찌 보면 한 해의 기후변화를 보여주는 24절기의
구분이 오늘날 도시에서 살고 있는 사람들에게는 더 이상 생활과 노
동과는 무관해 보이기도 한다. 그러나 오랜 시간 동안 중국인들의 삶
을 지탱해 온 농경이라는, 자연과 맺어온 관계의 연장선상에서 보자
면, 오늘날의 우리 생활도 자연의 변화와 순환 속의 일부이며, 대자
연 앞에 늘 겸손해야 함을 깨닫곤 한다. 24절기는 자연과 인간의 관
계에 대한 중국인들의 지혜의 산물이며, 앞으로도 그 중요한 가치는
지속될 것이다.

단어

황도 黄道	역학 历学
기상학계 气象学界	일조량 日照量
강수량 降水量	길잡이 指南; 参考
교감 交感; 相互感应	발상 表现; 表达
혹서기 酷暑期	흑미 黑米
순응하다 顺应	지탱하다 支撑

질문

1. 24절기는 어떻게 만들어진 것인가?

2. 24절기는 왜 만들어졌는가?

3. 24절기와 관련된 민속활동을 이야기해 보자.

더 생각해 보자

여러분은 24절기 각 명칭의 의미를 알고 있는가? 24절기 명칭 중에 계절이나 기온의 변화를 나타내는 명칭이 있는가 하면, 수증기의 응결, 강수, 계절에 따른 만물의 변화를 반영하는 명칭도 있다.

24절기 각 명칭의 의미가 무엇인지를 알아보고, 명명(命名)의 기준을 설명해 보자.

2. 춘절

중국의 설날인 춘절은 음력 새해 첫 날인 정월 초하룻날이다. 중국 전통명절 가운데 명절분위기를 가장 만끽할 수 있는 날이기도 하다.

춘절의 유래는 3천여 년 전으로 거슬러 올라간다. 옛 기록에 의하면 '세수(歲首)', 혹은 '정단(正旦)'이라고도 했다가 중화민국 건립 이후에 춘절로 불리게 되었다.

원래 춘절은 특정한 날 하루가 아니라, 음력 섣달 초파일부터 정월 대보름까지 설 명절이 이어졌다. 오늘날 볼 수 있는 다양한 설날 풍경은, 수 천 년간 각 시대 상황에 맞게 변화하면서 오랜 기간 누적되어 전승되어 온 소중한 유산이다.

춘절의 주요 세시풍속을 네 가지 정도로 정리해 보자면 다음과 같다.

첫째로 음식관련 풍속이다. 춘절은 먹을 것으로 시작하여 먹는 것으로 끝난다고 할 수 있을 정도다. 가히 전국민의 요리축제 기간이라 불릴 만 하다. 기복(祈福)의 의미를 담고 있는 대표적인 춘절 전통음식은 북방의 교자(餃子)와 남방의 떡으로 나뉘지만, 섣달그믐 저녁에 온 가족이 모여 진수성찬을 즐기는 풍경은 전국 어디서나 마찬가지이다. 섣달그믐에 온 가족이 모여 송구영신의 염원을 담아 함께 세찬(歲饌)을 나누는 것은 가족간의 유대감을 높이고 결속력을 다지는 좋은 기회가 된다.

두 번째로 전통 제례민속이다. 춘절은 24절기 가운데 새해의 첫째 절기인 입춘 무렵이다. 만물의 생성과 모든 것이 새롭게 시작되는 한 해의 첫 날이기 때문에 제례의식과 관련된 민속이 많다. 대자연과 세상의 모든 신령들에게 감사와 존경의 뜻을 표하고 조상님들께 차례를 지낸다. 인간과 자연, 나아가 초자연적 존재들과의 교감과 소통을 통해 마음의 안정과 위안을 얻고자 하는 염원을 담은 의식이다.

세 번째로는 가족간의 유대를 다지는 인륜전통과 관련된 풍속이다. 춘절에 흩어져 살던 가족들이 모두 고향으로 돌아오는데, 이때 평소에 볼 수 없었던 민족대이동을 보게 된다. 섣달 그믐날 저녁에는

온 가족이 화로나 세찬이 차려진 식탁에서 옹기종기 둘러
앉아 이야기 꽃을 피운다. 오랜만에 만나 한 해 동안 있었
던 일들과 새해의 계획에 대해 서로 마음 편히 흉금을 털
어 놓는다. 고향에 모인 친척, 친구들과 새해 인사와 덕
담, 선물을 나누고, 어른들에게서 세뱃돈을 받기도 한다.
춘절은 서로간의 두터운 정을 나누는 소중한 시간들인 셈
이다.

　네 번째로는 행운을 비는 염원이 담긴 민간예술 전통
이다. 묵은해를 보내고 새해를 맞아 액운을 막고 늘 좋은
일만 있길 바라는 소망은 춘절 민속문화의 영원한 테마이
다. 액막이를 위해 붉은색조의 각종 민속공예품으로 대문
과 집안을 화려하게 꾸미고, 다양한 민속놀이로 연말연시
분위기도 한껏 고조시킨다.

　21세기에 접어들어 생활 양식과 환경이 다양하게 변화
하면서 춘절의 명절 풍경도 많이 바뀌고 있다. 그래도 춘
절은 중국인들이 가장 중요하게 생각하는 전통명절의 대
명사이다. 수천 년간 중국인들의 삶과 생활 속에서 함께
해온 춘절의 세시풍속 전통은 앞으로도 전승되고 보존되
어 나갈 것이다.

단어

진수성찬 美味佳肴	송구영신 辞旧迎新
유대감 亲近感; 归属感	결속력 凝聚力
신령 神灵	옹기종기 大大小小; 参差不齐
흉금 胸襟	액막이 避邪

질문

1. 춘절은 왜 "먹을 것으로 시작하여 먹는 것으로 끝난다" 라고 했는가?

2. 춘절 때 왜 제례의식과 관련된 민속이 많은가?

3. 춘절 때 왜 붉은색조의 민속공예품으로 대문과 집안을 꾸미는가?

4. 춘절 민속놀이 한 가지를 소개해 보자.

더 생각해 보자

다음은 작가 펑지차이(冯骥才)의 '년 문화(年文化)'에 대한 서술이다. 읽고 난 후, '년 문화'에 대한 여러분의 생각에 대해 자유롭게 말해 보자.

년 문화는 어느 날 갑자기 형성된 것이 아니라 수천 년의 역사를 거쳐 오랜 세월 동안 창조와 선택, 누적으로 형성된 것이다. 오색찬란한 명절 행사와 셀 수 없는 길상 도안 등의 민속은 새해의 이상주의적 분위기를 함께 구축한다. 년 문화는 시각적(색과 이미지)인 것뿐만 아니라, 청각적(폭죽 소리와 새해 인사 소리), 미각적(계절 식품), 후각적(향화와 화약)으로 중국인의 모든 감각기관에서 마음에 이르기까지 중요하게 차지하고 있으며, 중국인의 기억 속에 깊이 남아 있다.

3. 중추절

중추절은 음력 8월 15일로, 춘절 및 단오절과 더불어 중국 3대 전통명절의 하나이다. '가을의 한가운데'라는 의미에서 '중추절(中秋節)'이라 부르게 되었다.

중추절은 고대 중국인들의 달에 대한 숭배 의식으로부터 유래되었다. 중국인들은 예로부터 달이 인간 세상에 복을 내린다고 생각해 '월신(月神)'으로 경배해 왔다. 그래서 주(周)나라 때부터 황제는 매년 가을이 되면 달을 향해 제사를 지내는 의례를 치러 왔다.[1]

이러한 배월(拜月) 풍습이 점차 민간으로 퍼져 가면서 백성들의 일상 행사가 되었다. 8월 중순의 달은 1년 중 가장 밝고 크고 둥글다. 이제 막 풍작을 이룬 백성들은 이런 상서로운 달빛이 비추는 마당이나 누각 등에서 향로와 초에 불을 밝히고 월병, 과일 등을 제물로 차려 달을 향해 감사의 마음으로 절을 올린다. 이러한 제례의식의 유래는 민간에서 전하는 '항아분월(姮娥奔月)'의 고대신화와 관련이 있다.

항아는 고대 삼황오제 가운데 한 명인 제곡(帝嚳)의 딸이자 활의 명인 후예(后羿)의 아내이다. 어느 날 후예는 곤륜산(崑崙山)의 여신 서왕모(西王母)에게 불사약 두 알을 받아와 항아에게 맡겼다. 이 불사약은 한 알을 먹으면 지상에서 불로장생을 누리지만 두 알을 다 먹게 되면 신선이 되어 하늘로 올라가게 되는 약이었다. 이 사실을 알게 된 후예의 제자 봉몽(逢蒙)은 이 불사약에 욕심이 생기게 되었다. 그는 후예가 집을 비운 틈을 타서 항아에게 불사약을 내놓으라고 협박을 하는데 그 과정 가운데 항아는 봉몽의 상대가 되지 않는 것을 알고 결국 불사약 두 알을 모두 먹어 버리게 되었다. 그러자 그녀는 달로 날아가 선녀가 되었다.

[1] **중국고대의 제례의식**
중국 고대의 제사는 일반적으로 조상과 신에 대한 제사로 구분된다. 춘분 때는 해, 하지에는 땅, 추분에는 달, 동지에는 하늘의 신에게 제사를 지내는 것이 전통이다. 역대 수도에는 동서남북의 위치에 각각의 제단을 만들었는데 명나라와 청나라 때 제단으로 쓰였던 베이징 남단에 위치한 천단(天壇)공원과 북쪽에 자리잡은 지단(地壇)공원, 동쪽의 일단(日壇)공원, 그리고 서쪽의 월단(月壇)공원이 그 예이다.

다시 아내를 볼 수 없는 후예는 그로부터 달을 보며 아내에 대한 그리움을 보냈다. 이로 인해 백성들도 중추절에 달을 보며 항아의 평안함을 비는 풍습이 오늘날까지 이어져 오게 된 것이다.

아름다운 달빛 아래에서 달을 감상하며 소원을 비는 '상월(賞月)'도 중추절에서 빼놓을 수 없는 풍습이다. 옛 문인사대부들의 상월에 대한 애정은 각별했다. 누각에 오르거나 배를 띄워 달을 감상하면서 느낀 그 감성으로 걸출한 시가작품들을 만들어 냈다. 온 가족이 함께 휘영청 밝은 달을 감상하면서 행복한 삶을 소망하는 풍경은 오늘날까지도 가장 중요한 중국 중추절 풍습의 하나로 자리잡고 있다.

온 가족이 함께 모여 월병(月餅)을 먹는 것도 빼놓을 수 없는 중추절 풍습이다. 월병은 크게 북방의 케이크류와 남방의 페이스트리류로 나뉜다. 팥이나 건과류뿐만 아니라 고기를 소로 넣기도 한다. 지역에 따라 정사각형의 형태도 있지만 대부분 원형인데 이렇게 둥글납작하게 생긴 월병은 둥근 보름달의 모양을 빌어 가정의 원만함과 단란함을 기원하는 의미가 담겨있다.

이 밖에도 중국 각지에는 지역마다 다양한 중추절 풍속이 있다. 예를 들면, 유자(柚子)가 많이 나는 광시성(廣西省), 쓰촨성(四川省) 일대 남쪽 지역에서는 중추절에 유자초롱을 만든다. 아이들은 유자초롱 안에 촛불을 넣어 가지고 다니며 놀곤 한다. 또한 일부 소수민족 거주지역에서는 중추절을 맞아 사랑의 노래를 부르며 짝을 찾는 낭만적인 구애(求愛) 민속도 볼 수 있다.

　중추절의 다양한 풍속은 달에 대한 중국인들의 감정이
얼마나 애틋한가를 말해준다. 인간의 유대관계, 가족간
의 정뿐만 아니라 자연과의 조화를 중요시하는 중국인들
의 문화적 전통을 잘 보여준다. 중추절은 단순한 명절이
아니라, 오랜 역사적 변천과정을 통해 누적된 신화와 전
설, 그리고 각 지역의 풍속이 어우러져 시적이면서 낭만
적인 축제가 된 것이다.

단어

상서롭다 祥瑞的	불로장생 長生不老
페이스트리 酥皮	건과 干果
원만하다 圓滿的	단란하다 和睦的
둥글납작하다 扁圓的	애틋하다 依恋的

질문

1. 중추절 배월 풍습의 유래에 대해 이야기해 보자.

2. 월병은 왜 둥글게 만들었는가? 월병을 먹는 것 외에 또 어떤 중추절 풍습이 있는가?

3. 중추절과 관련된 시가작품 하나를 소개해 보자.

더 생각해 보자

　　가을은 수확의 계절이다. 그러므로 일년 중 가장 먹을 것이 푸짐한 계절이다. 조선 후기의 학자이자 문신인 김매순(金邁淳)의 <열양세시기(洌陽歲時記)>를 보면 다음과 같이 기록된 내용이 있다. 잘 읽고 중국의 중추절과 한국의 추석을 비교해 보자.

　　가위란 명칭은 신라에서 비롯되었다. 이 달에는 만물이 다 성숙하고 중추는 또한 가절이라 하므로 민간에서는 이날을 가장 중요하게 여긴다. 아무리 가난한 벽촌의 집안에서도 예에 따라 모두 쌀로 술을 빚고 닭을 잡아 찬도 만들며, 또 온갖 과일을 풍성하게 차려놓는다. 그래서 말하기를 "더도 말고 덜도 말고 늘 한가위 같기만 바란다" 라고 한다.

4. 단오절

중국에서 음력 5월 5일은 단오절이다. 단오절의 유래에 대해서 여러 가지 설이 있는데 그중에 가장 널리 전해지고 있는 것이 두 가지 있다.

하나는 중국인들의 용에 대한 신앙과 관련된 것이다. 단오절은 원래 용에게 제사를 지내는 것에서 유래했다고 전해지고 있다. 먼 옛날, 남쪽의 오월(吳越) 민족은 끊임없이 수해의 위협을 받아왔기 때문에 강에 사는 용을 민족의 조상이자 보호신으로 삼아, 매년 음력 5월이 되면 제사를 성대하게 지냈다고 한다. 사람들은 대나무 통에 음식을 담거나 댓잎에 음식을 싸서 강물에 던져 신에게 제물로 바쳤고, 또한 신을 기쁘게 하기 위해 북소리에 맞춰 용선을 저으며 경주를 했다고 한다.

또 다른 단오절의 유래로 전국시대의 위대한 애국 시인 굴원을 기리기 위한 것이라는 설도 널리 알려져 있다.

굴원은 전국시대의 초(楚)나라 사람이었다. 전국시대에는 제(齊), 초(楚), 연(燕), 한(韓), 조(趙), 위(魏), 진(秦) 등 주요 나라가 있었는데 그 중 가장 강해진 진나라가 다른 여섯 나라를 정복하여 천하의 패자(覇者)가 되려고 했다. 굴원은 초나라의 대부로 재능도 뛰어났고 임금 앞에서 늘 소신껏 주장을 펼쳤다. 그러나 소인의 모함으로 인해 그의 주장이 임금으로부터 받아들여지지 않았다. 그 뿐만 아니라 초나라의 수도에서마저도 쫓겨났다. 수도를 떠났지만 여전히 조국의 운명에 관심을 두고 있었던 굴원은 훗날 초나라가 진나라에 패배했다는 소식을 듣고 매우 비통해했다. 이미 조국을 다시 일으킬 역량이 없다는 것을 깨달은 그는 결국 멱라강(汨羅江)에 투신했다. 그 날은 바로 기원 전 278년 음력 5월 5일이었다고 한다.

굴원이 강에 뛰어들어 죽었다는 소식을 듣고 주변 어부들이 모두 배를 저어 와서 그의 시신을 건지려고 했지만 끝내 찾을 수 없었다. 그래서 백성들은 물고기와 새우들이 굴원의 몸을 뜯어 먹지 못하게 하기 위해 물고기 먹이가 될 만한 것들을 강에 던져 주었다. 그 후 사람들은 매년 음력 5월 5일이 되면 강에 먹을 것을 던지게 되었는데, 이것은 시간이 흐르면서 갈댓잎에 찹쌀을 싸서 만든 쫑쯔(棕子)를 던지게 되었다. 이는 훗날 단오절에 쫑쯔를 먹는 풍속이 되었다.

쫑쯔는 갈댓잎이나 대나무 잎, 죽순 껍질에 찹쌀과 대추, 건과류, 고기, 계란 등의 소를 넣고 삼각형 모양으로 싸서 찐 것으로, 오늘날에는 단오절에만 먹는 명절음식이 아니라 냉동식품이나 즉석식품 등의 형태로 어디에서나 맛볼 수 있는 일상 음식으로 자리잡았다.

단오절의 대표적인 민속놀이로는 용선경주가 있다. 용선경주는 단오질의 가장 성대한 행사로 중국의 남방 지역에서 널리 행해지고 있다. 용선경주의 유래도 굴원과 관련이 있다. 이는 백성들이 굴원의 시신을 빨리 건져내기 위해 용선경주를 했다는 것이다. 오늘날 용선 경기는 개인의 체력 증진뿐만 아니라 단체의 결속력을 높이는데 유익한 수상 스포츠로 각광을 받아 홍콩, 상하이 등 지역에서 국제 용선대회가 개최되고 있다. 2018년 자카르타-팔렘방 아시안게임에서는 정식 종목으로 채택되기도 했다.

고대 중국인들의 신앙으로 단오절은 악귀가 활동하는 불길한 날이었다. 그래서 이 날에 액막이를 위한 각종 풍속도 행해진다. 그중에 가장 보편적인 것으로는 창포와 쑥을 대문에 걸어놓는 것이다. 창포와 쑥은 민간에서 많이 쓰는 약용식물로 향기로운 냄새가 풍기며, 벌레를 쫓거나 살균, 해독의 효과가 있다고 한다. 그리고 대문에 종규(鐘馗)의 화상을 붙이기도 했다. 또한 어른들은 웅황주를 마

시고 어린아이들의 몸에 향주머니를 달아주기도 했는데 이러한 민속들에는 모두 액막이라는 소망이 담겨 있다. 물론 이것들은 덥고 습한 단오 무렵의 날씨로 인해 퍼지기 시작한 각종 질병을 예방하기 위한 위생적 측면이 반영된 것이기도 하다.

단어

창포 菖蒲	쑥 艾草
살균 杀菌	해독 解毒
갈댓잎 芦苇叶	즉석식품 即食食品
유익하다 有益的	소신껏 秉持信念；尽心尽力
아시안게임 亚运会	모함 诬陷
용선경주 龙舟比赛	채택되다 被采纳

질문

1. 단오절의 유래에 대해서 이야기해 보자.

2. 단오절의 대표적인 민속놀이를 이야기해 보자.

3. 단오절에 쫑쯔를 먹게 된 연원에 대해 이야기해 보자.

더 생각해 보자

다음은 한국문화재청 국가문화유산 포털 (www.heritage.go.kr) 에 있는 '강릉단오제' 를 소개하는 글이다. 읽고 한국의 단오제와 중국의 단오절을 비교해 보자.

절기 명절로서의 단오는 중국에서 발원, 동북아시아의 중세 보편 문화권에서 여러 민족들이 함께 공유해온 보편성을 지니고 있지만, 강릉단오제는 다른 나라 문화권과 달리 종합적 축제 문화로 계승, 발전시켰다. 대관령을 중심 공간으로 삼고 한반도를 통일한 신라의 김유신 장군, 강릉 출신으로 고려 건국의 정신적 지도자였던 승려 범일국사, 자연의 재해와 고난의 희생자였던 여인을 지역 수호신으로 모시면서 영동지역 주민들의 공동체의식을 연마하는 축제로 전승되고 있는 것이다.

제 8 장
중국의 전통 의학

　중국의 전통 의학은 서양 의학이 본격적으로 중국에 들어와 보급되면서부터 서양 의학과의 구분을 위해 '중의학'으로 불렸다. 중국에서는 오늘날에도 중의학이 의료와 의약 분야에서 현대 의학의 중추적 역할을 하고 있다.

　수천 년에 걸쳐 발전해 온 중의학은 독립된 진단 치료 방법과 이론 체계를 갖추고 있다. 본 장에서는 중의학의 몇 가지 측면을 다루면서 중국 전통 의학의 중요한 특성들을 알아보도록 한다.

1. 중의학

중국의 전통 의학인 중의학은 하상주 (夏商周) 초기에 중국인들이 인체에 대한 인식과 질병 진료 수준에 있어서 중요한 계몽과 변혁을 이루면서 싹트기 시작한 것이었다. 수천 년에 걸쳐 독자적인 진료 방법과 이론 체계를 확보하면서 의과학으로 발전하였다. 중의학은 매우 풍부하고 복잡한 이론을 갖고 있는데 그 핵심은 몸을 한 유기적인 전체로 보는 사상이다.

중의학에서는 인체를 하나의 생명 전체로 여기며, 이 전체의 각 부분들은 서로 관련이 있다고 여긴다. 인체는 오장 (심장, 간장, 비장, 폐장, 신장)을 중심으로 육부(소장, 대장, 위, 방광, 쓸개, 삼초)로 보조하며, 내재된 생명 네트워크를 통해 각 부분이 하나로 연결된다. 사람의 병을 진단하려면 반드시 그 전체적인 면을 고려해 병의 근원을 제거하는 데 심혈을 기울여야 하며, 표면적이고 지엽적인 문제만 해결해서는 안 된다고 여긴다. 중국 속담의 '머리가 아프면 머리를, 다리가 아프면 다리를 고친다' 는 말이 바로 이러한 방식을 비판하는 것이다.

중의학에서는 인체 내부가 유형적인 전체와 무형적인 전체로 이루어져 있다고 여긴다. 인체 내부 안에 서로 연결되어 있는 오장육부가 유형적인 전체라면, 그 위에 흘러다니는 기맥이 무형적인 전체라고 보는 것이다. 여기서 기맥이라고 하는 것은 사람이 호흡하는 기체뿐만 아니라 인간 생명의 활력을 가리킨다. 생명체는 기맥의 흐름으로 살아 움직이기 때문에 기맥의 흐름이 생명을 쥐고 있는 것이다.

중의학의 주요 진료 원칙은 변증론치(辨證論治)라고 하는데 이는 환자의 발병 원인과 증상, 맥박 등을 이론과 결합하여 총체적으로 분석, 판단하고 치료하는 것을 가리킨다. 치료 대책을 세우기 전에 먼저 환자의 병세에 대해 알아봐야 하는데 중의학에서는 주로 망진(望診), 문진(聞診), 문진(問診), 절진(切診) 이 네 가지 방법을 활용한다. 망진은 환자의 겉모습과 정신 상태를 관찰하는 것이고, 문(聞)진은 환자의 호흡 및 목소리를 들어보는 것이다. 문(問)진은 발병 과정, 병자의 느낌과 음식을 포함한 일상 생활 등을 물어 보는 것이고, 절진은 환자의 맥박이 뛰는 상황을 짚어보는 것을 의미한다. 사진(四

診)을 통해 환자의 병세를 알아낸 후에는 치료의 핵심 부분인 변증의 단계에 들어간다.

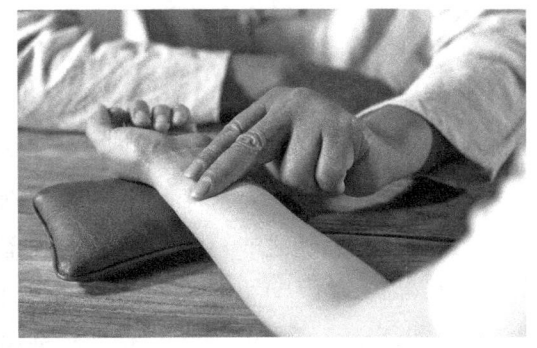

의사가 복잡한 병세를 치료할 때 팔강(八綱)에 따라 발병 원인, 성질, 부위, 단계 등을 정확히 분석한다. 여기서 팔강은 질병의 진단과 치료의 기준이 되는 음 (陰), 양 (陽), 표 (表), 리 (里), 한 (寒), 열 (熱), 허 (虛), 실 (實) 등을 가리킨다. 이렇게 팔강을 통해 얻은 종합적인 결론으로 치료 방침과 대책을 마련하는 바탕이 된다.

중의학에서는 인체 전체의 각 부분들 간의 관계 연구에 힘쓰고 있다. 인체 내 균형이 깨짐으로 병이 생긴다고 여기기 때문에 동태적 균형을 세울 수 있도록 인체의 제어 시스템을 조절하는 데 치료의 중점을 두고 있다. 그 전형적인 예로 냉병에는 열성을 지닌 약을 쓰고, 열병에는 냉성인 해열제를 쓰거나 몸이 허약하면 보양을 하고 체하면 체기를 방출시키는 방법들이 있다. 이렇듯 풍부한 변증법 사상을 포함하고 있는 변증론치를 융통성 있게 이용하는 것은 예술이라고 할 수 있으며, 또한 중국 고대의 철학이 중의학에서 운용되고 있음을 제시해 준다.

단어

유기적 有机的

방광 膀胱

삼초 三焦 (六腑之一)

기맥 气脉

짚다 把 (脉)

해열제 清热药

의과학 医科学 (医学、药学、生命科学的总称)

신장 肾脏

쓸개 胆

지엽적 细枝末节的

맥박 脉搏

제어 시스템 控制系统

융통성 变通性

질문

1. 중의학의 핵심 사상은 무엇인가?

2. 중의학은 어떻게 인체 내 깨진 균형을 다시 세우는 것인가?

3. 중의학은 서양 의학과 어떻게 다른가? 예를 들어 설명해 보자.

더 생각해 보자

" 중국 역사 속에 뛰어난 의술로 환자를 치료했던 명의들이 많다. 자료를 찾아보고 다음의 명의들에 대해서 소개해 보자.

화타 (華陀)

손사막 (孫思邈)

장중경 (張仲景)

이시진 (李時珍)

2. 발달된 예방의 의학

중의학은 병을 치료하는 것보다 병을 예방하는 데 중점을 두고 있다. 중의학의 효시로 거론되는 의학 경전인 <황제내경(黃帝內經)>에서 병이 난 후에 치료하는 것은 목이 탈 무렵에 우물을 파거나 전투가 벌어졌을 때 무기를 만드는 것처럼 이미 때를 놓친 것이라는 기록이 있다. 이는 중의학은 병을 치료하는 데 중점을 두는 것이 아니라 병의 예방에 주력한다는 것을 말해 준다.

병을 예방하는 관건은 심신의 균형을 유지하는 데 있으며 영양 섭취의 균형, 사람과 자연의 균형, 그리고 사람의 정신 세계의 균형 이 세 가지 측면에서 볼 수 있다.

우선, 중의학에서 인체의 영양 섭취 균형을 강조한다. 영양이 없으면 인간의 생명은 유지될 수가 없다. 그렇다고 지나친 영양 섭취를 권장하지는 않고 적당하게 섭취할 것을 가르치고 있다. 영양이 과잉 섭취되면 그것을 소화하기 위해 또 다른 에너지를 소모해야 하므로 오히려 신체에 부담을 주기 때문이다.

중의학에서는 또 너무 피로하게 하면 안 된다고 하여 에너지의 적당한 소모를 주장한다. 이는 신체 내부의 근기를 잘 보호하고 길러야 한다는 사상과 통하는 말이다. 섭취한 것과 발산한 것에 차이가 날 때 내부의 균형이 깨지기 쉬우므로 무절제한 에너지 소모로 병을 유발하는 경우가 많다.

다음으로는, 중의학에서 병을 예방하는 중요한 고리로 사람과 자연의 평형 관계를 이루는 것에 둔다. 자연으로부터 생명을 받아 자연계 안에서 생활하는 인간의 신체에 자연계의 변화가 영향을 끼치지 않을 수 없으므로 중의학에서는 인간이 자신의 바깥에 존재하는 자연의 리듬에 조화롭게 맞춰가며 일상 생활을 영위하라고 주장한다.

봄에는 기온이 올라가면서 점점 사람의 신체도 외부로 확장되는 상태로 형성되는데 기혈이 내부에서 신체 표면으로 떠서 피부가 느슨해지고 땀샘이 확장되어 습진이 생기기 쉬우므로 반드시 습기 방지에 힘써야 한다. 여름에는 날씨가 건조하고 더워서 사람이 쉽게 초조하고 불안해지므로 이를 반드시 억제할 수 있도록 해야 한다. 가을은 수

축되는 계절로 사람의 기혈 또한 외부에서 안으로 들어와 피부와 땀샘이 수축되는 현상을 보이므로 물 보충에 유의하고 담백한 음식을 먹어야 한다. 겨울철에는 찬 기운으로 인해 생기는 증세인 상한(傷寒)이나 관절 통증을 조심해야 한다. 또한 이때 야외 활동이 줄어들고 오랜 기간 문을 닫고 생활하기 때문에 몸의 기운이 가라앉기 쉬우므로 그 조절에 힘을 써야 한다.

마지막으로는 중의학에서 가장 중요한 것은 정신의 평정심을 유지하는 것이다. 병은 마음에서부터 생기기 때문에 마음을 다스리는 것이 무엇보다 중요하다. 기계가 아닌 복잡한 감정과 정신 상태를 가진 사람으로서 정신적 균형이 깨지면 질병에 걸리기 쉽다. 평정심을 유지하고 평화롭고 선하게 살아야 사람은 오래 사는 법이다.

단어

섭취 摄取

과잉 过剩

무절제하다 无节制的

느슨해지다 变松弛

평정심 平常心

권장하다 规劝

근기 根基

영위하다 经营

수축되다 收缩

질문

1. 중의학은 왜 병을 치료하는 것보다 예방하는 것에 중점을 두는 것인가?

2. 중의학에 의하면 심신의 균형을 지키려면 어떻게 해야 하는가?

3. 자연계의 변화가 사람 신체에 어떤 영향을 끼치는가?

더 생각해 보자

건강과 관련된 실천적 행동과 사상적 관념을 개괄하여 중국에서는 '양생(養生)'이라고 한다. 즉, 양생은 각종 방법을 통해 자신의 생명을 보존하고 체질을 증강하며 질병을 예방하는 일련의 심신단련 행위를 가리킨다. 오늘날 복잡한 현대 생활 속에서 중국 사람들이 다양한 방식을 통해 자신의 건강과 여유를 찾는 원천 역시 양생의 오랜 철학과 정신적 산물에서 유래한 것으로 볼 수 있다.

그렇다면 여러분이 생각하는 양생이 무엇인지, 그리고 현대인들이 실천하는 양생법에는 어떤 것이 있는지 자유롭게 이야기해 보자.

3. 식이요법과 약선

식이요법이란 올바른 식생활을 통해 질병 치료와 건강유지에 도움이 되고자 하는 치료 방법의 하나이다. 중국의 전통 의약학에서는 약을 음식으로 섭취할 수 있고, 음식 또한 약이 될 수 있다고 하였다. 중국 민간요법에 따르면 약을 먹는 것은 음식으로 보충하는 것보다 못하며, 식이요법이 의학적 치료보다 낫다고 여겼다.

식이요법은 수천 년 전으로 거슬러 올라가 신농이 온갖 풀을 맛보았다는 그 전설에서 기원을 찾을 수 있다. 이는 중국인들이 상고시대부터 이미 음식과 약물의 효능에 대해 탐구하기 시작했음을 알 수 있다. 당나라 시대의 의학자인 손사막(孫思邈)의 저서 <천금방(千金方)>에서는 식이요법에 관해 단독적으로 논술한 바 있는데, 그는 사람의 건강은 올바른 음식에 기초를 두어야 하며 함부로 약을 복용해서는 안 된다고 하였다. 또한 의사는 병의 원인을 정확하게 파악한 다음에 우선 식이요법으로 병을 치료하고 만약 식이요법의 효과가 좋지 않다면, 다시 약으로 치료해야 한다고 주장하고 있다. 손사막의 식이요법에 대한 견해는 중국의 식이요법 이론과 실천에 큰 영향을 끼쳤으며, 점차 민간에서 신체를 건강하게 하고 병을 예방, 치료하는 방법으로 성행하게 되었다.

중국에서는 일상 생활에서 채소와 음식을 이용해 병을 예방하고 치료하는 방법이 널리 알려져 있다. 집안에 감기 걸린 사람이 있으면 얇게 썰은 생강과 총백(파의 밑동) 몇 개를 흑설탕으로 물을 끓여서 따뜻하게 마시면 땀을 배출시켜 증세를 완화시키는 효과가 있다. 이것은 사람들이 생강과 총백, 흑설탕 등의 조미료가 한기를 없애는 효능이 있다고 믿기 때문이다. 이 외에도 사람들은 화초로 만든 음식도 식이요법 효능이 있다고 여겼다. 특히 여성에게 매우 좋은데, 예를 들면 장미꽃은 혈액순환을 원활하게 하여 월경 조절과 미용 효능이 있다.

약재를 넣어 조리한 음식을 약선(藥膳)이라고 부른다. 영양가가 높으며 병을 예방하고 치료를 돕는 효능이 있어 오늘날에도 여전히 인기를 얻고 있다. 사람들은 흔히 죽이나 빵, 국, 반찬 등 다양한 형태로 약선을 만들어 먹는다. 예를 들어 "소아죽"의 경우 산약과 율

무, 곶감에 쌀을 넣어 끓인 죽으로 소화기관이 허약한 아이에게 주며, 천패와 말린 귤껍질을 같이 끓인 천패진피탕(川貝陳皮湯)은 기침 환자에게 가래를 삭이고 기침을 멎게 한다. 또한 삼즙탕(參汁湯)은 아침에 공복으로 마시면 사람의 정력을 보충해 주는 효과가 있어 특히 환자나 노인들에게 좋다. 요즘 중국의 약선은 국내뿐만 아니라 국제 시장까지 진출했다. 귤껍질차와 복령병(茯苓餅), 국화주 등 중국의 약선 음식들이 점점 외국인의 식생활 속으로 스며들고 있다.

단어

식이요법 食物疗法

혈액순환 血液循环

공복 空腹

총백 葱白

소화기관 消化器官

국화주 菊花酒

질문

1. 식이요법이란 무엇인가?

2. 민간에서는 왜 식이요법이 의학적 치료보다 낫다고 여겼는가?

3. 약선이란 무엇인가? 두 가지 예를 들어 보자.

더 생각해 보자

　　다음은 건강에 좋은 차를 소개하는 내용이다. 잘 읽어 본 후, 여러분이 즐겨 마시는 차 한 가지에 대해 소개해 보자.

간과 눈 건강에 좋은 차

　　만드는 법: 구기자 15g, 항백국(杭白菊) 10g, 석곡 10g에 물 1L를 넣어 15분간 우린 다음 30분 끓인 후 마셔도 되고, 끓인 물에 우려내 마셔도 된다.

　　효능: 간을 보호하고 눈을 맑게 하며, 폐를 튼튼하게 한다. 마른 기침이나 열이 나고 머리가 아픈 증상에 효과에 있고, 컴퓨터 작업을 많이 해 눈이 뻑뻑하거나 침침한 증상을 해소해 준다. 피로 해소에도 도움이 된다.

4. 침구와 추나요법

　중의학은 인간의 신체 내부세계를 하나의 생명 네트워크로 여긴다. 복잡하게 뒤얽혀 있는 이 네트워크 안에서 세로 부분을 경(經), 가로 부분을 낙(絡)이라고 하는데 경락이 상하, 좌우, 내외로 얽혀서 인체를 하나의 전체로 연결한다.

　경락이 잘 통하고 혈기가 원활하게 흐르면 인체는 건강하고 병에 걸리지 않으며, 반대로 경락이 통하지 않고 기혈 순환이 막히면 병에 걸리게 되므로 경락은 인간의 생사를 결정하고 병을 치료하는 데 있어 관건이라고 할 수 있다. 중의학에서 가장 전형적인 진료 수단인 침구(鍼灸)와 추나(推拿)요법이 바로 이러한 생각에 기초를 둔 것이다.

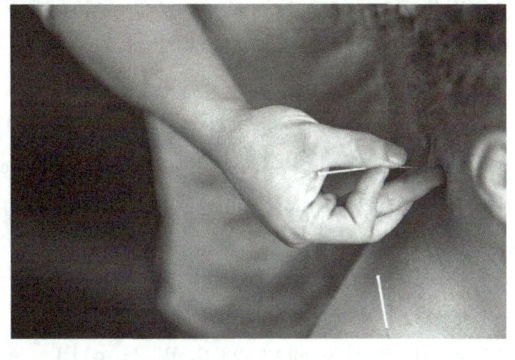

　침구는 중의학의 중요한 구성 부분으로 이미 5,000년 넘게 사용되어 왔고, 지금까지도 세계 곳곳에서 널리 사용되고 있다. 침구학에서는 사람의 신체 부위가 아프거나 장기의 기능이 쇠약해지는 것을 기혈 순환의 이상으로 본다. 따라서 침구사는 혈자리를 자극해서 기혈이 정상적으로 순환되게 하여 신체의 자연치유를 촉진시키는 것이다. 여기서 혈자리란 경락이 흘러가는 곳곳에 존재하는 구멍을 의미한다. 이곳은 장부(臟腑)와 경락의 기혈이 모여 있는 곳이므로 각 장부의 변화를 알아낼 수 있으며, 이곳에 침을 놓거나 뜸을 뜨거나 문질러주는 등의 자극을 주면 질병을 치료할 수 있다고 여긴다.

　침구술은 침질과 뜸질을 포함한다. 침술이란 주로 침으로 인체의 혈자리를 찌르는 것을 가리키며, 뜸질이란

쑥잎을 말려 부수어서 경혈이 있는 부위나 아픈 부위를 훈증하는 것을 뜻한다. 질병과 장부, 경락의 관계, 그리고 한열, 허실, 음양, 기혈 등의 증상에 따라 혈자리를 골라 침질하거나 뜸질하면 좋은 효과를 얻을 수 있다.

침구의 신비한 치료 효과는 이미 널리 알려진 바 있다. 감기와 일사병 등의 내과 질환과 낙침, 관절통 등과 같은 류머티즘성 통증 뿐만 아니라 산부인과와 소아과 질병까지 치료할 수 있고, 일부 외과와 이비인후과에도 치료 효과를 볼 수 있다. 칼을 대서 수술하거나 약을 먹을 필요 없이 인체의 일정 부위에 가느다란 침을 찌르기만 하면 환자의 고통을 줄여 줄 수 있으니, 이 간편한 방법을 사람들이 좋아할 수밖에 없는 것이다.

중의학에서 또 다른 주요 진료 방법인 추나요법은 손가락과 손바닥을 이용해 몸의 일정한 부위나 혈자리에 대고 힘을 주면서 누르고 미는 것을 반복하는 치료 방법을 의미한다. 침구술과 같이 오랜 역사를 가지고 있는 추나요법은 인체 순환계통과 신진대사에 이로우며, 경락이 잘 통하게 하고 음양이 조화롭게 함으로써 사람을 회복시키거나 건강한 상태를 유지하도록 한다. 추나요법을 사용하기 위해서는 서양의학에서의 인체 골격과 혈맥, 근육 등의 해부학을 잘 이해해야 할 뿐만 아니라 중의학의 경락학설도 숙지해야 한다. 또한 각 혈자리의 위치를 파악해 사람의 체질에 따라 병에 맞는 치료 대책을 취해야 한다.

추나요법은 인체에 무리를 주지 않고 부작용도 적기 때문에 일반적인 만성병이 있거나 신체가 과도하게 허약한 사람, 또는 약 복용이 힘든 어린 환자에게도 사용할 수 있다. 추나요법은 광범위하게 적용될 수 있는데, 그 중에 특히 척추를 비롯한 뼈의 비틀림을 바로잡아 주는 데에 효과가 탁월하다. 뿐만 아니라 신경을 편안하게 해줌에 따라 몸의 균형과 조화를 이루고, 건강을 증진시켜 줄 수 있으므로 현대인들에게도 꾸준히 인기를 얻고 있다.

단어

뒤얽히다 盘根错节	약하다 衰落
침질 针术	뜸질 灸术
일사병 中暑	낙침 落枕
류머티즘성 风湿性	체표 体表
순환계통 循环系统	신진대사 新陈代谢
혈맥 血脉	해부 解剖
혈자리 穴位	만성병 慢性病

질문

1. 침구술은 주로 어떤 병에 적용되는 것인가? 사람들이 왜 침구술을 좋아하는가?

2. 병을 치료하는 데 추나요법이 어떤 효과가 있는가?

3. 침구와 추나요법는 왜 경락학설에 기초를 둔 것이라고 하는가?

더 생각해 보자

"

다음의 글을 잘 읽고 자신의 생각을 자유롭게 이야기해 보자.

중의학에서는 교통사고로 인한 통증 치료에 추나요법을 시행한다. 의사가 손이나 신체 일부분, 추나 테이블 등의 보조 기구로 환자의 신체를 자극해 치료하는 방식이다. 추나요법은 삐뚤어진 관절, 뼈, 인대 등을 바르게 교정하는 데 효과적이다. 교통사고가 발생하는 순간 충격으로 발생하는 편타성 손상 등을 바로잡는다.

제 9 장
중국의 세계문화유산

　중국은 광활한 영토와 유구한 역사 가운데 다양한 민족들이 각기 다른 지역과 자연환경에서 독특한 자신들만의 고유한 문화를 창조해 왔다. 이러한 문화와 전통은 수없이 산재해 있는 유적에서 찾아볼 수 있는데 이러한 유적들은 중화민족의 소중한 문화 유산이다.

　중국 정부는 1985년 <세계 문화 및 자연유산 보호 협약>에 가입하면서 자국의 세계유산 등재 및 보호를 위해 노력해 왔다. 2021년 8월까지 중국이 등재한 세계유산은 무려 56건에 달하며, 이로써 중국은 명실상부한 문화유산 대국이 되었다. 이 중에는 인류 최대의 토목 공사인 '만리장성', 살아 숨쉬는 유물이라 불리는 '진시황릉 병마용', 사막 위에 세워진 인류 최고의 불교 문화 유적인 '둔황 막고굴', 그리고 짱족의 전통을 대표하는 예술 유적지 '포탈라궁' 등 세계적으로 잘 알려진 문화유산들이 많이 포함되어 있다.

1. 만리장성

중국 문화를 이야기하면 만리장성을 빼놓을 수 없다.

만리장성은 일찍이 기원전 7세기부터 기원전 5세기경 사이에 짓기 시작했던데 그 대략적 규모와 기반은 진나라 때 확정되었다. 진시황이 중국을 통일한 이후 진(秦), 조(趙), 연(燕) 등의 나라에서 쌓았던 방어성 장성을 보수, 확대해서 동쪽으로는 랴오둥(遼東)에서부터 서쪽으로는 지금의 간쑤성(甘肅省)에 있는 린타오(臨洮)에 이르기까지, 5천여 킬로미터가 넘는 거대한 군사 방어 시설을 구축했다. 그 이후로도 여러 왕조들이 계속 장성을 수리했는데, 명나라 초에 대규모 보수 공사가 시작되어 200여 년 뒤 그 공사가 완성되었다.

오늘날 남아 있는 만리장성의 대부분은 명나라 때 수축된 것으로, 동쪽으로는 야루지앙(鴨綠江)에서 출발하여 서쪽의 사막 깊숙히 자리한 자위관(嘉峪關)까지 8천여 킬로미터에 이르는 것으로 알려져 있다. 기나긴 중국 역사의 흥망성쇠를 입증한 증인으로서 만리장성은 중화민족의 끊임없는 생명력을 기록해 두고 있다.

중국의 상징으로 여겨지는 만리장성은 1987년 유네스코 세계문화유산으로 등록되었고, 2007년에는 '세계 7대 불가사의' 가운데 하나로 선정되기도 했다.

만리장성은 방어 시설이지만 단지 적을 성벽 밖으로 막는 간단하고 단순하게 건축된 성벽이 아니다. 그것은 복잡한 방어 체계로 천여 개의 요새, 성, 성루 그리고 높은 성벽으로 이루어져 있다. 길게 끝없이 이어지는 만리장성 성벽에 봉화대, 적루 등을 하나하나 설치하고 성벽 가운데 변화하는 리듬을 더하여서 만리장성의 기세가 등등해졌다. 만리장성의 구불구불한 기복은 사람에게 흐르는 기운을 느끼게 하는 만리장성만의 독특한 아름다움이다.

중국인들에게 만리장성은 평화의 상징이다. 수많은 전쟁을 겪으면서 중국인들은 전쟁의 파괴성에 대해 깊이 생각하게 되었다. 장성을 쌓는 일은 엄청 힘든 일이지만, 참혹한 전쟁을 피하기 위하여 사람들은 피와 땀으로 수고하며 장성을 쌓았다. 중국인들이 대대로 끊이지 않고 장성을 쌓았던 것은 전쟁이 일어나지 않고, 평안한 삶을 살고 싶어하는 염원을 담고 있는 것이었다.

만리장성은 중국인 정신력의 상징이기도 하다. 장성을 쌓는 일은 상상을 초월할 만큼 어려웠으나 2천여 년 동안 수많은 사람들이 바친 노동과 목숨으로 세계적으로 불가사의한 구조물이 창조되었다. 중국어에서 "여러 사람의 뜻을 모아 장성을 쌓아 올린다 (眾志成城)"라는 말은 바로 여기에서 나온 말이다.

단어

유목민족 游牧民族   수축되다 改建; 修缮

요새 要塞   성루 城堡

봉화대 烽火台   적루 敌楼

구불구불하다 蜿蜒的   염원 心愿

불가사의하다 不可思议的

질문

1. 만리장성의 방어 체계를 간단히 설명해 보자.

2. 만리장성은 왜 평화의 상징이라고 하는가?

3. 만리장성은 왜 '기나긴 중국 역사의 흥망성쇠를 입증한 증인' 이라고 하는가?

더 생각해 보자

중국의 상징적 아이콘인 만리장성은 중국 문학과 예술의 영원한 모티브이다. 역대로 문인들은 만리장성을 거쳐가거나 유람하면서, 만리장성의 건축과 그 기능 그리고 만리장성 양측의 웅장하고 아름다운 강산에 대해 크게 감명받았다. 이러한 만리장성을 소재로 한 운문, 미술, 음악 등 문예작품이 지금까지 널리 전해지고 있다.

만리장성과 관련된 문예 작품 하나를 선택하여, 그 작품에서 만리장성에 대해 어떠한 이미지를 부여했는지 설명해 보자.

2. 진시황릉 병마용

산시(陝西) 시안(西安)에서 동쪽으로 수십 킬로미터
떨어진 곳에 '세계 제8대 불가사의'로 불려진 웅장한 지
하 군대 진영이, 바로 진시황릉의 병마용이 있다. 중국을
통일한 진시황은 대규모의 노동력과 물적 자원을 동원해
생전에 이미 자신의 묘를 건축하기 시작했다.

병마용이란 바로 이 능묘에 부장하기 위해 도기로 만들
어진 병사와 말을 이르는 것이다. 병마용은 고분 조각의
한 형태이다. 고대에는 실제로 순장을 했는데, 그 당시에
노예는 노예 주인의 부속품으로 여겨지기 때문에 주인이
죽으면 노예도 주인과 함께 순장되어야 했었다. 그러나
병마용은 전차, 전투마, 토병 등 형상의 부장품으로 만들
어진 조각상으로 순장을 대체한 전형적인 사례가 되었고,
또한 그 최고봉이라 할 수 있다.

20세기 70년대에 병마용이 발굴되자 세계의 이목을
끌었다. 1987년 진시황릉과 함께 유네스코 세계문화유
산에 등재되었고, 그 이후로는 수많은 국가 지도자들이
이곳을 방문했다. 그로 인해 병마용은 중국의 찬란한 고
대 문명을 상징하는 아이콘이 되었다.

병마용은 1974년 발견된 1
호 구덩이와 1976년 발견된
2호, 3호 구덩이, 총 3개의
구덩이로 구성되며 약 2만 제
곱미터의 부지를 차지하고 있
다. 구덩이 안에는 약 8천 개
의 도병과 도마가 있다. 1번
구덩이에는 보병 위주로 있으

며, 전차와 보병이 서로 직사각형 전투대형으로 배열되
어 있다. 2번 구덩이에는 차병과 기병, 보병이 함께 섞
여 곡형 모양의 전투대형으로 배열되었고, 3번 구덩이
에는 군진(軍陣) 최고 사령관의 지휘부가 있다. 이렇게

일사불란하게 도열된 병마용을 보면 당장이라도 전투가 벌어질 것 같은 긴장감이 맴돌게 된다.

용(俑)의 종류는 직위와 병종의 차림새, 자세에 따라 다양하지만 모두 그 권세와 위력을 드러낸다. 이러한 웅장하고 거대한 군진의 광경은 동서고금을 막론하고 보기 드문 장관이다. 사람들은 병마용을 통해서 당시 천하를 정벌하고 위엄을 떨치는 진시황의 드높은 기세를 느낄 수 있다.

병마용이 세상 사람들에게 주목 받고 있는 것은 웅장한 기세 외에도 그 조각 예술이 매우 뛰어난 수준에 이르렀기 때문이다.

병마용의 인용(人俑)과 도마는 모두 실제 사람, 말과 같은 크기로 만들어졌다. 인용의 키는 약 1.85미터, 도마는 약 1.6미터의 높이로 모두 채색되어 있었다.[1] 이런 모든 병사와 도마는 과장되게 변형하지 않고 매우 사실적으로 조각되었다. 인용 개개인의 얼굴 표정, 이목구비, 머리 모양, 머리카락의 형태, 수염 등 각각 특색이 있고, 모든 하사관의 연령, 신분과 성격을 다르게 표현했다. 8,000여 점의 병사 하나하나가 예술품이라는 찬사를 받을 정도였다. 이렇게 사실적이고 생생한 조각 작품으로 인해 사람들은 2천여 년 전 중국 조각 예술의 수준을 새롭게 인식하게 되었다.

---

[1] 병마용은 원래 색깔이 칠해져 있었으나 발굴 과정에서 햇빛에 노출되자마자 색이 바래졌다고 한다.

단어

순장 殉葬	부장품 陪葬品
구덩이 坑	일사불란하다 一丝不乱的; 井井有
동서고금 古今中外	条的
사실적 写实的	하사관 士官

질문

1. 병마용은 무엇인가?

2. 병마용은 왜 발굴되자 세계의 이목을 끌었는가?

3. 병마용 조각 예술의 특징을 이야기해 보자.

더 생각해 보자

“　　<중국 조소사(中國彫塑史)>(王家斌 외)에서 병마용 조각이 고도로 사실적인 원인에 대해 다음과 같이 분석한 바 있다. 잘 읽고 여러분의 생각을 이야기해 보자.

　　이렇게 많은 사실적인 조각들이 돌연히 관중(關中) 대지에서 출현한 이유에 대해, 우리는 진나라 시대의 지배적인 법가 사상과 진나라 사람들의 집단적 특징에서 그 원인을 탐구해야 할 것 같다... 진나라 병마용의 소박하고 용맹한 표정과 자세, 사실적인 옷차림, 획일적인 전투 대형 등은 법가의 실용 지상주의를 반영하지 않은 곳이 없다. 이러한 주된 사상 가운데, 지역적으로도 황토 고원에 위치한 진나라 사람은 농경과 방목 생활을 병행하며 자연스럽게 소박하고 듬직한 성격이 형성되었다.

3. 둔황 막고굴

　둔황 막고굴은 사막 위에 세워진 인류 최고의 불교 문화 유적이다. 불교 조각상과 벽화로 유명한 이 곳은 1,000년을 지속한 불교 예술의 진수라고 평가 받으며, 1987년 세계문화유산으로 지정되었다.

　불교는 고대 인도에서 시작되어 대략 1세기 전후에 중국으로 유입되었다. 남북조 시대에 들어선 이후, 통치자가 불교를 선양하니 일부 지역에서는 산을 허물고 절벽을 깎아 석굴을 뚫기 시작하였다. 수당 시대에 이르러 석굴 예술은 또 한 번 눈부신 발전을 이루었는데, 중국의 4대 석굴인 간쑤(甘肅)의 둔황 막고굴과 산시다퉁(山西大同)의 운강석굴(雲岡石窟), 허난뤄양(河南洛陽)의 용문석굴(龍門石窟), 그리고 간쑤티옌쉐이(甘肅天水)의 맥적산석굴(麥積山石窟)이 그 대표적인 예라고 할 수 있다. 그중에서도 둔황의 막고굴이 최고로 손꼽히고 있다.

　둔황은 원래 실크로드의 주요 도시 중 하나로 간쑤성 소재의 란저우(蘭州) 서쪽에 위치해 있고 막고굴은 둔황 명사산(鳴沙山)의 절벽 위에 있다. 서기 366년 낙준(樂尊)이라는 한 승려가 명사산을 지나가다가 갑자기 산꼭대기가 금빛으로 뒤덮인 모습이 마치 천 개의 부처가 나타난 것 같았다고 한다. 그는 곧 사방으로 모금을 하여 그곳에 첫 번째 석굴을 지어 이를 기념하였다. 그 이후 천 년에 가까운 역사 속에 수많은 사람들이 계속해서 운영해 왔고, 마침내 둔황석굴은 건축과 채상, 벽화를 하나로 융합한 불교예술의 극치를 이루게 되었다. 석굴의 벽화와 채상은 거의 불상 위주로 되어 있어 사람들은 이곳을 '천불동(千佛洞)'이라고 부르기도 한다.

둔황의 벽화는 둔황 예술의 중요한 부분을 차지한다. 그 웅장한 규모와 정교한 기예는 세상에 널리 알려져 있다. 현존 석굴은 735개이고, 그 사면의 벽과 천장은 다채로운 벽화로 가득 채워져 있다. 그 중에는 오도자(吳道子)와 염립본(閻立本) 등 많은 명성이 자자한 화가들의 작품도 있다. 벽화의 내용은 매우 다양하고 종교적인 소재를 위주로 했는데, 세분화하면 불상화(佛像畵), 경변화(經變畵), 고사화(故事畵) 등으로 나눌 수 있다. 다른 종교 예술과 마찬가지로 둔황 벽화는 신을 그린 이야기를 통해 사람들의 선한 소망을 담아 마음을 위로했다. 이 외에도 벽화에는 수당 시대의 사회 번영을 그린 풍속화가 많이 있다.

막고굴의 조각상도 명성이 자자하다. 현재 진흙으로

만든 채색 조각상 2,415점을 보유하고 있어, 하나의 대형 조각 박물관이라 할 수 있다. 이 수많은 불상 중에서도 관세음보살 조각상이 가장 뛰어나다고 꼽을 수 있다. 그 생김새와 자태가 가장 아름답고 풍부하며, 동양적인 여성미를 보여주고 있다. 우리는 막고굴에 남아 있는 관음 조각상을 통해서 그 당시 관음 숭배의 기풍을 엿볼 수 있다.[1]

이러한 둔황의 찬란한 문화는 전 세계의 이목을 끌며, 보는 이들로 하여금 감탄을 불러일으키고 있다. 지셴린(季羨林) 선생은 둔황 막고굴을 보는 것은 곧 전세계의 고대 문명을 보는 것과 다름없다고 하며, 둔황 문화의 찬란함은 세계 각 민족 문화 정수의 융합이자 중화 문명 수천 년의 유구한 역사를 끊임없이 융합하여 관통한 본보기라고 둔황 막고굴을 이렇게 높이 평가했다.

---

[1] 관세음보살은 줄여서 관음보살이라고도 한다. 이 보살은 석가모니 바로 다음가는 지혜의 보살이고, 또한 일체 중생을 구제하는 자비의 화신이기도 하다. 사람들이 위험이나 재난을 당했을 때 관음보살 이름만 불러도 바로 달려와 구제해 줄 것이라고 믿었다. 따라서 중국에서 관음보살을 숭배하는 기풍은 천 년 이상 이어져 내려왔고 지금까지도 믿는 사람이 많다.

단어

선양하다 宣扬　　　　　　석굴 石窟

실크로드 丝绸之路　　　　정교하다 精巧的

기예 技艺　　　　　　　　풍속화 风俗画

숭배 崇拜

질문

1. 둔황 막고굴은 왜 천불동이라고 부르는가?

2. 둔황의 벽화는 주로 어떤 소재를 다루었는가?

3. 둔황 조각상의 특징에 대해 이야기해 보자.

더 생각해 보자

"

　　고대 중국, 인도, 페르시아 등의 문화예술 특징을 간직한 곳으로 유명한 막고굴은 사실 고대 중한 교류의 소중한 역사유적이기도 하다. 막고굴 제61굴에서 발견된 <오대산도(五臺山圖)>를 통해 우리는 고대 중한 문화교류가 활발하게 이루어졌음을 엿볼 수 있다.

　　<오대산도>와 관련된 자료를 찾아보고, 이 벽화의 내용에 대해서 소개해 보자.

4. 포탈라궁

시짱(西藏)자치구 라싸(拉薩)시에 있는 포탈라궁(布達拉宮)은 시짱 전통 건축의 걸작으로 해발 3,700미터의 홍산(紅山) 기슭에 요새 모양으로 지은 고층 건축물이다. '포탈라'는 산스크리트어로 주섬(舟島)이라는 뜻이며 관세음보살이 사는 섬을 가리킨다. 궁전 전체가 산세에 따라 지어졌으며, 부지 면적이 40만 제곱미터, 건평이 13만 제곱미터에 이른다. 본관은 높이가 117미터, 총 13층으로 궁궐, 영탑전(靈塔殿), 불전(佛殿), 경당(經堂), 승사(僧舍), 정원 등이 갖춰져 있다. 시짱 건축의 절정을 보여주는 포탈라궁은 그 예술적 가치와 규모로 1994년 유네스코의 세계문화유산으로 등재되었다.

휘황찬란한 포탈라궁은 7세기에 최초로 지어졌다. 당시 토번(吐蕃) 왕 송찬간포(松贊干布)는 당나라의 문성(文成) 공주와 결혼하기 위해 방 천 칸에 9층 높이의 궁전을 지었다. 후에 토번 왕조가 멸망하고 오래된 궁전도 대부분 전쟁으로 파괴되었는데 청나라 순치(順治) 2년인 1645년, 달라이 라마 5세 때에 중수에 들어가, 50여 년 동안 역대 달라이 라마들에 의해 증축 공사를 거치면서 오늘날의 규모에 이르게 되었다.

포탈라궁은 역대 달라이 라마가 거주하는 곳으로 과거 시짱 지방 정치와 종교의 중심지였다. 달라이 라마 5세 때부터 시짱 지역의 중대한 종교와 정치 의식이 모두 이곳에서 거행되었고, 역대 달라이 라마의 영탑을 모시는 곳이기도 하다.

포탈라궁은 궁전들이 겹겹이 쌓여 끝없이 뒤엉켜 있어 마치 산과 혼연일체가 되어 있는 듯하다. 그 외관은 산기슭에서 산 정상까지 구불구불 이어져 올라간다. 전체 건물은 동쪽의 백궁(白宮: 달라이 라마가 정사를 돌보는 곳), 중심부의 홍궁(紅宮: 불전과 역대 달라이 라마의 영탑전이 있는 곳), 그리고 서쪽의 흰색 승방(달라이 라마를 모시는 측근 승려가 거주하는 곳)으로 구성되어 있다. 홍궁 앞에는 하얀 벽이 있는데 불교의 날을 맞을 때마다 이곳에 큰 불상이 걸렸다.

포탈라궁의 외벽은 홍·백·황의 3색으로 채색되어 있어 위엄과 평안 및 원만함을 상징하고 있으며, 색채와 양식 모두가 장전불교(藏傳佛敎)의 특징을 선명하게 보여주고 있다.

단어

증축 扩建   겹겹이 堆叠 (貌)

뒤엉키다 交织; 绞缠   혼연일체 浑然一体

정사 政务   중수 重修

질문

1. '포탈라' 라는 말은 무슨 뜻인가?

2. 포탈라궁 전체 건물은 어떻게 구성되었는가?

3. 포탈라궁의 외벽은 어떤 색으로 채색되어 있는가? 이것은 어떤 의미를 가지고 있는가?

더 생각해 보자

    중국의 유네스코 세계문화유산 등재 목록을 참고하여, 여러분이 가장 관심 있는 한 곳을 선정하고, 그와 관련된 자료를 찾아본 후, 친구들에게 소개해 보자. 소개할 때 그 문화유산의 건축 배경, 역사적·문화적 가치, 그리고 좋아하는 이유 등의 내용이 포함되어야 한다.

부록 1: 중국 역사 연대표

하(夏) 약 기원전 2070년 ~ 기원전 1600년
상(商) 약 기원전 1600년 ~ 기원전 1046년
서주(西周) 기원전 1046년 ~ 기원전 771년
춘추(春秋) 기원전 770년 ~ 기원전 476년
전국(戰國) 기원전 475년 ~ 기원전 221년
진(秦) 기원전 221년 ~ 기원전 207년
한(漢) 기원전 202년 ~ 서기 220년
　—서한(西漢) 기원전 202년 ~ 서기 25년
　—동한(東漢) 25년 ~ 220년
삼국(三國) 220년 ~ 280년
　—위(魏) 220년 ~ 265년
　—촉(蜀) 221년 ~ 263년
　—오(吳) 222년 ~ 280년
진(晉) 265년 ~ 420년
　—서진(西晉) 265년 ~ 317년
　—동진(東晉) 317년 ~ 420년
십육국(十六國) 304년 ~ 439년
남북조(南北朝) 420년 ~ 589년
　—남조(南朝) 420년 ~ 589년
　—북조(北朝) 439년 ~ 581년
수(隋) 581년 ~ 618년
당(唐) 618년 ~ 907년
오대십국(五代十國) 907년 ~ 979년
송(宋) 960년 ~ 1279년
　—북송(北宋) 960년 ~ 1127년
　—남송(南宋) 1127년 ~ 1279년
요(遼) 907년 ~ 1125년
서하(西夏) 1038년 ~ 1227년
금(金) 1115년 ~ 1234년
원(元) 1271년 ~ 1368년
명(明) 1368년 ~ 1644년
청(淸) 1644년 ~ 1911년
중화민국(中華民國) 1912년 ~ 1949년
중화인민공화국(中華人民共和國) 1949년 ~

부록 2 : 단어 색인

가랑비 细雨   가소롭다 可笑的
간악하다 奸恶的   갑골문 甲骨文
강수량 降水量   건과 干果
건축자재 建筑材料   걸음마 (幼儿) 学步
격려하다 激励   격앙되다 激昂
견사 蚕丝   결속 团结
결속력 凝聚力   겹겹이 堆叠 (貌)
경사지다 倾斜   경외심 敬畏感
경이감 惊奇感   경작지 耕地
곁채 厢房   계화주 桂花酒
고단하다 孤单的   곡선미 曲线美
공복 空腹   공식화 公式化；程式化
과시적 炫耀性的   과잉 过剩
관장하다 掌管   광범위하다 广泛的
괴리되다 脱离；背离   교감 交感；相互感应
구덩이 坑   구두쇠 守财奴
구명하다 探明；弄清楚   구불구불하다 蜿蜒的
국화주 菊花酒   군진 军阵
권모술수 权谋术   권장하다 规劝
귀결 终结；归宿   규범화되다 规范化
규탄하다 谴责   균일하다 均匀的；匀称的
그윽하다 幽远的；深邃的；浓郁的 극빈층 赤贫阶层
근기 根基   금기 禁忌
기근 饥荒   기맥 气脉
기물상 器物像   기상학계 气象学界
기예 技艺   기제 机制
길잡이 指南；参考   낙침 落枕
남존여비 男尊女卑   내구성 耐久性
내포되다 包含；蕴含   노닐다 徜徉；闲游
노리다 觊觎   누룩 酵母
누에 蚕   느슨해지다 变松弛

다듬어지다 整理
단면 侧面
대담 交谈
대칭축 对称轴
덧없다 虚无的；无常的
독보적 无可比拟的
돈독히 笃厚地
동일시하다 等同；等量齐观
둥글납작하다 扁圆的
뒤엉키다 交织；绞缠
뜸질 灸术
막역하다 莫逆；知心的
만취하다 烂醉的
망념 妄念；妄想
매국노 卖国贼
맥박 脉搏
멸시당하다 被蔑视
모독 亵渎
모함 诬陷
무절제하다 无节制的
민란 民乱；农民起义
박력 魄力
반포하다 颁布
발상 表现；表达
방비하다 防备
방치하다 搁置
배냇머리 胎发
배척(을) 당하다 遭排斥
변화무쌍하다 变幻无穷的
병칭하다 合称
본기 本紀
부국강병 富国强兵
부적 符
불로장생 长生不老
불후(의) 不朽(的)

단란하다 和睦的
단아하다 端庄的
대변하다 代言；代表
덕행 道德品行
도야 陶冶；熏陶
독창적 独创的
동서고금 古今中外
되 升 (测量单位)
뒤얽히다 盘根错节
뒤집다 (内外) 翻
류머티즘성 风湿性
만성병 慢性病
말 斗 (测量单位)
맞절하다 对拜
매듭단추 盘扣
메이지 유신 明治维新
모국어 母语
모범적 典范的
무병장수 健康长寿
묵시적 暗示的；默认的
민본주의 民本主义
반역 叛逆
발인 出殡
방광 膀胱
방정하다 端正的；井然有序的
방탕아 败家子
배딱지 腹甲
배척하다 排斥
병서 兵書
병학 兵學
봉화대 烽火台
부장품 陪葬品
불가사의하다 不可思议
불법 佛法
비분강개 悲愤慷慨

비스듬히 歪斜地　　　　　　비애감 哀伤感
빈소 灵堂　　　　　　　　　빗대다 隐射
빚다 酿(酒)　　　　　　　　사관 史官
사리사욕 个人私利　　　　　사색 思索
사실적 写实的　　　　　　　살균 杀菌
삼초 三焦(六腑之一)　　　　상서롭다 祥瑞的
상주 丧主　　　　　　　　　상형 문자 象形文字
생리적 生理的　　　　　　　생생하다 生动地
서술적 叙事性的　　　　　　서정적 抒情的
석굴 石窟　　　　　　　　　석회암 石灰岩
선양하다 宣扬　　　　　　　선입견 偏见；成见
설법 (讲经) 说法　　　　　　설파하다 游说
섬기다 伺候；供奉　　　　　섭취 摄取
섭취하다 摄取；吸收　　　　성대하다 隆重的
성동격서 声东击西　　　　　성루 城堡
소수정예 少数精锐　　　　　소신껏 秉持信念；尽心尽力
소탈하다 洒脱的；飘逸的　　소품 道具
소화기관 消化器官　　　　　속임수 骗术
송구영신 辞旧迎新　　　　　쇠락하다 衰落
쇠약하다 衰弱的　　　　　　수려하다 清新秀丽的
수묵화 水墨画　　　　　　　수의 寿衣
수축되다 收缩　　　　　　　수축되다 改建；修缮
수행 修行　　　　　　　　　수행하다 履行
순리 常理；道理　　　　　　순응하다 顺应
순장 殉葬　　　　　　　　　순환계통 循环系统
술지게미 酒糟　　　　　　　숭배 崇拜
숭상하다 崇尚　　　　　　　스며들다 渗透
시종일관 自始至终　　　　　식이요법 食物疗法
신령 神灵　　　　　　　　　신생아 新生儿
신장 肾脏　　　　　　　　　신진대사 新陈代谢
실크로드 丝绸之路　　　　　심미관 审美观
쐐기 문자 楔形文字　　　　　쑥 艾草
쓸개 胆　　　　　　　　　　아마추어 业余(选手)
아시안게임 亚运会　　　　　악질적 恶劣的
압박감 压迫感　　　　　　　애도 哀悼

애틋하다 依恋的
약선 药膳
얽매이다 被束缚
역학 历学
영성 灵性
영위하다 经营
옹기종기 大大小小；参差不齐
요새 要塞
용병술 用兵之道
우대하다 优待
웅장하다 雄伟的
원류 源流
월계화 月季花
위선자 伪君子
위패 牌位；灵牌
유대감 亲近感；归属感
유목민족 游牧民族
유유자적 悠闲自得
유형학적 类型学的
율동적 律动的；有节奏的
은거하다 隐居
음성적 语音的
의경 意境
의기양양하다 意气昂然的
의사소통 沟通；交流
이방 耳房
이해득실 利弊得失
인테리어 室内装饰
일깨우다 提醒；启发
일사병 中暑
일조량 日照量
자갈 碎石；鹅卵石
자주적 自主的
장수 将领
쟁취하다 争取

액막이 避邪
어원 词源
역동적 充满活力的
염원 心愿
영양학 营养学
예의범절 礼仪规范
옹알이 牙牙学语
용맹스럽다 勇猛的
용솟음치다 喷涌而出
우리다 泡（茶）；沏（茶）
웅황주 雄黄酒
원만하다 圆满的
위계질서 等级秩序
위정자 执政者
유기적 有机的
유동적 流动的；灵活的
유배되다 被流放
유익하다 有益的
유흥 游兴；闲情逸致
융통성 变通性
음미하다 吟赏；品尝
응집력 凝聚力
의과학 医科学（医学、药学、生物科学的总称）
이데올로기 意识形态
이체자 异体字
인위적 人为的
일가견 独到见解
일목요연하다 一目了然的
일사불란하다 一丝不乱
자각하다 自觉；觉悟
자유분방하다 自由奔放的
잔여물 残余
장엄하다 庄严的
저속하다 低俗的

153

적루 敌楼

적시다 浸湿；滋润

전란 战乱

전멸당하다 全军覆没

전전하다 辗转

전파되다 传播

점령당하다 被占领；沦陷

점술 占卜术

점술법 占卜术

점진적 渐进的

접견하다 接见

정경 情景；场景

정교하다 精巧的

정사 政务

정통하다 精通

정형화되다 定型化

제어 시스템 控制系统

제지술 造纸术

제후국 诸侯国

조각상 雕像

조문하다 吊唁

조소 雕塑

종묘 宗庙

종법 宗法

좌지우지되다 受左右；被任意摆布

주령 酒令

주창하다 倡导

중매자 媒人

중축선 中轴线

중수 重修

증류시키다 (使) 蒸馏

증축 扩建

지엽적 细枝末节的

지탱하다 支撑

진수성찬 美味佳肴

집대성 集大成

징집되다 被征 (入伍)

짚다 把 (脉)

차용어 借词；外来语

차용하다 借用

착취 压榨；剥削

참선 参禅

창포 菖蒲

채묵화 彩墨画

채상 彩塑

채찍질하다 鞭策

채취하다 采集

책봉되다 册封

처세술 处世之道

청렴결백하다 清正廉洁的

청혼하다 求婚

체득하다 领悟

체표 体表

촉매제 催化剂

총백 葱白

출병 (을) 시키다 派兵

충만하다 充满；饱含

취흥 酒兴

친히 亲自

침질 针术

침투 渗透

콩쿠르 汇演；竞赛

타파하다 打破；破除

탐관오리 贪官污吏

태평성세 太平盛世

탯줄 脐带

토굴(집) 窑洞

토로하다 吐露；倾吐

토착화되다 本土化

통달하다 通达；知晓

통속문학 通俗文学
통용되다 通用
퇴행 倒退
투시법 透视法
페이스트리 酥皮
포부 抱负
풍족하다 富足的
필수불가결하다 不可或缺的
필획 笔画
함축적 含蓄的
해부 解剖
허구적 虚构的
혈거 穴居
혈액순환 血液循环
협객소설 武侠小说
형세 形势
호언장담 豪言壮语
혹서기 酷暑期
혼연일체 浑然一体
회고하다 回顾; 怀古
획기적 划时代的
휘두르다 挥动
흉금 胸襟
흠모하다 钦慕

통솔하다 统率
통찰력 观察力
퇴화되다 退化
패러다임 模式; 框架
평정심 平常心
풍속화 风俗画
피력하다 公开; 袒露
필연적 必然的
하사관 士官
해독 解毒
해열제 清热药
현란하다 绚丽的
혈맥 血脉
혈자리 穴位
형상 形象; 造型
형식주의 形式主义
호탕하다 豪迈的
혼담 谈婚论嫁
황도 黄道
회자되다 脍炙人口
후계자 继承人
휘황찬란하다 辉煌灿烂的
흑미 黑米
흥취 兴致; 趣味